Schloss Doberlug

Ein Streifzug

Bettina Bauch

Eckhard Schmittner

Impressum

© 2019, Bettina Bauch, Eckhard Schmittner

Titel: Schloss Doberlug Ein Streifzug

Coverbild: Bettina Bauch

Covergestaltung: Eckhard Schmittner

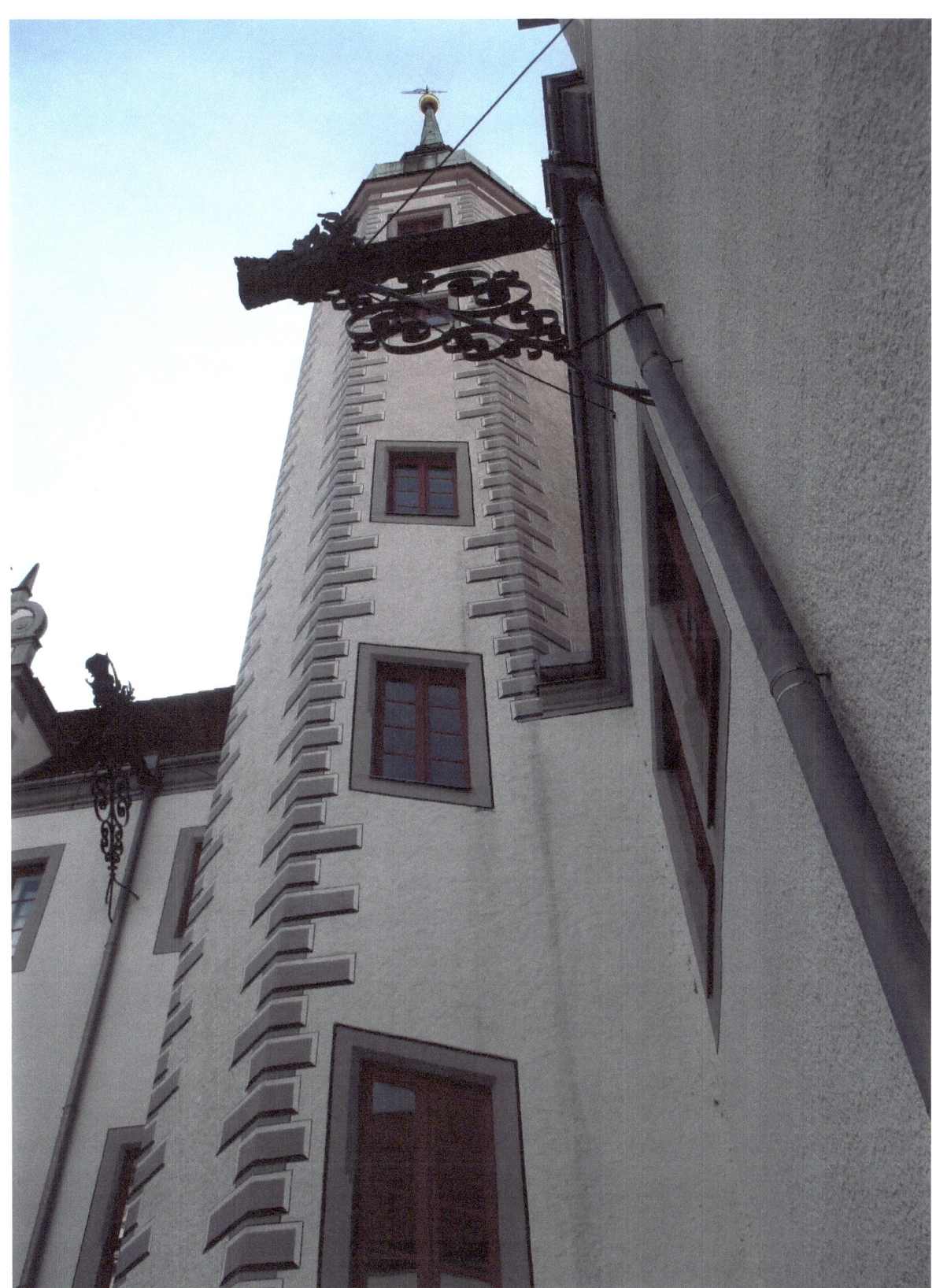

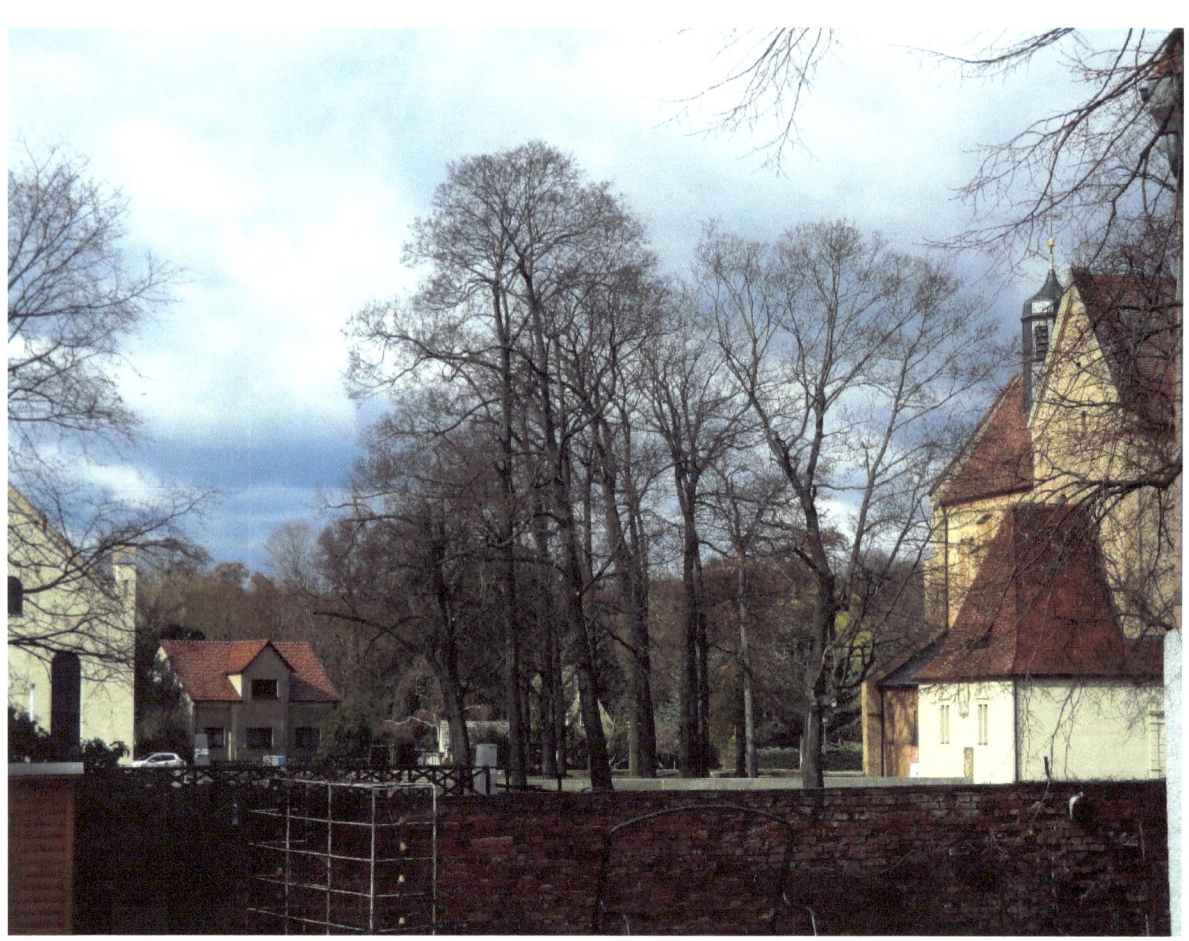

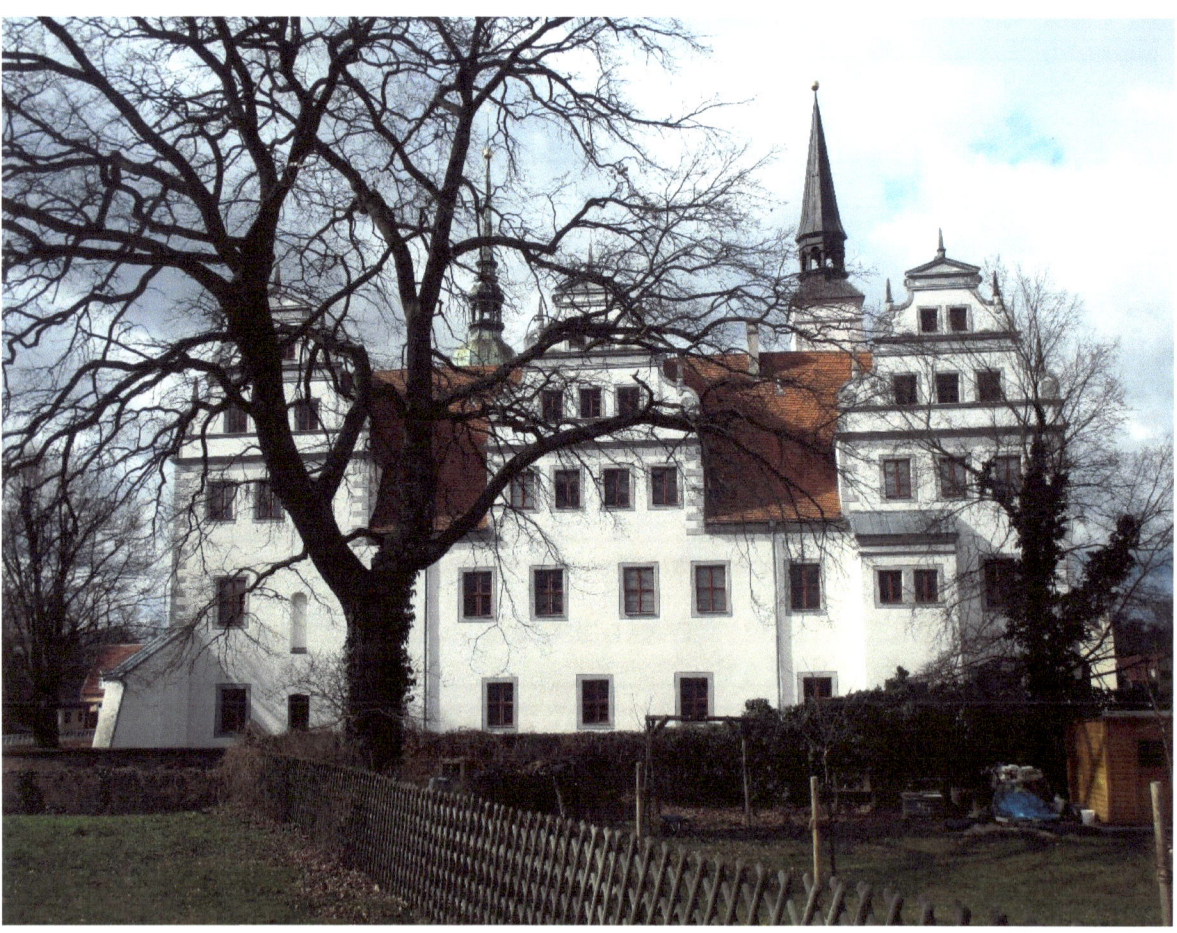

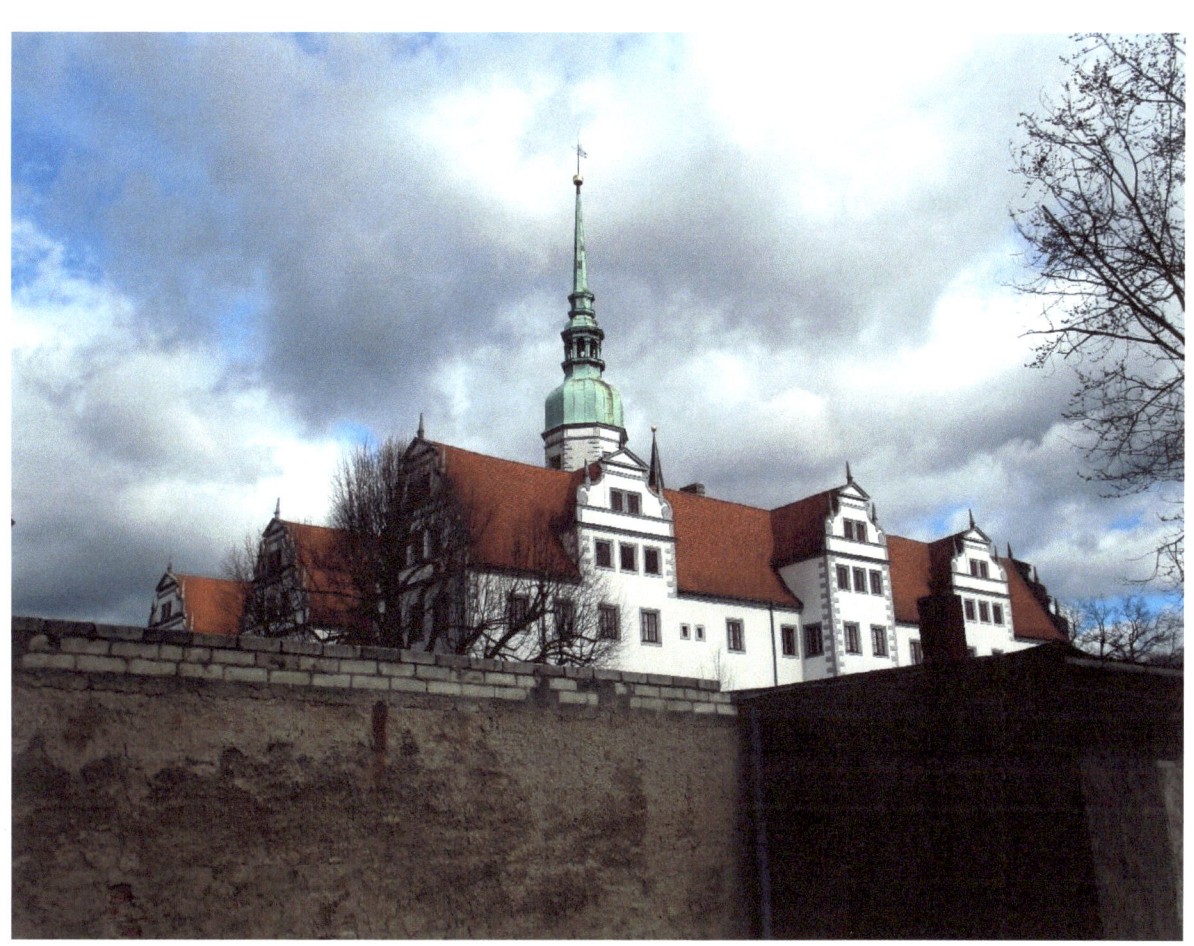

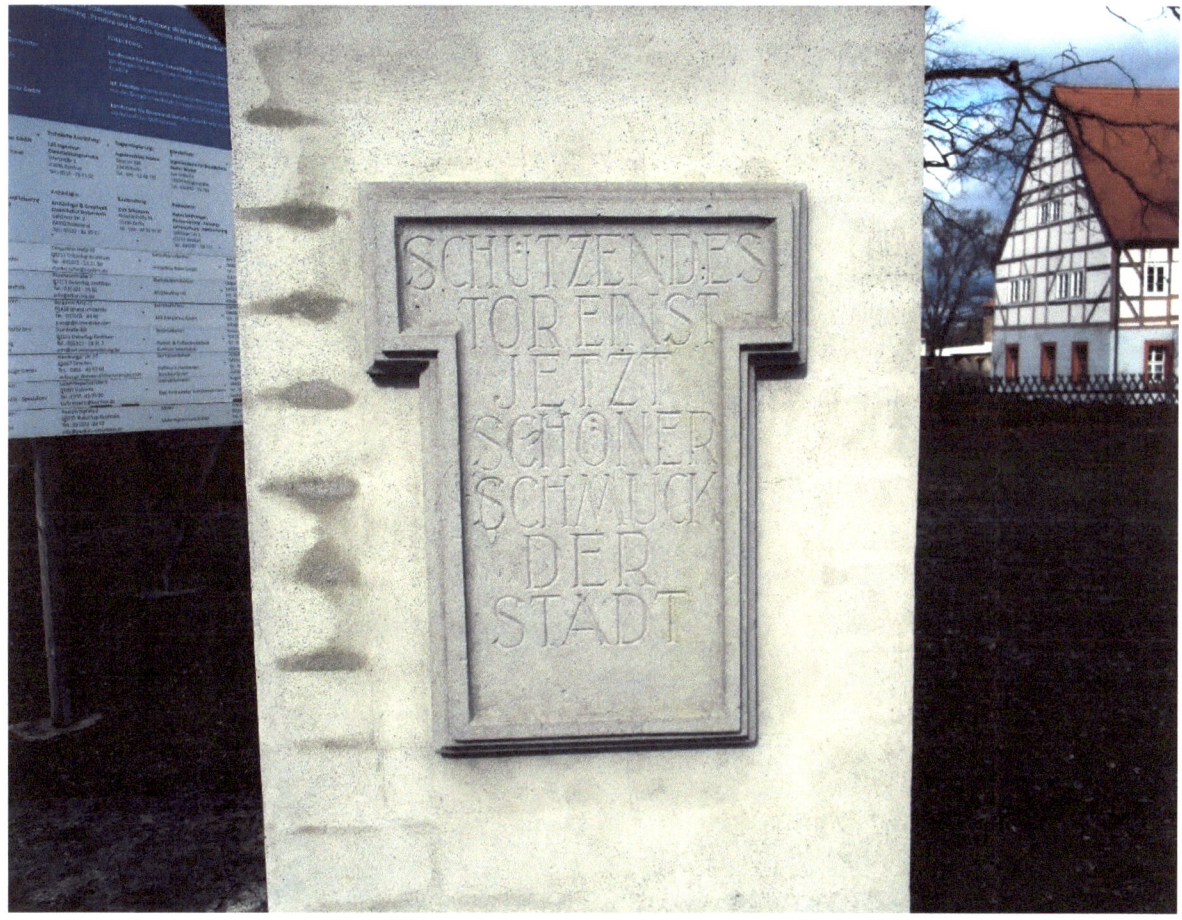

SCHÜTZENDES
TOR EINST
JETZT
SCHÖNER
SCHMUCK
DER
STADT

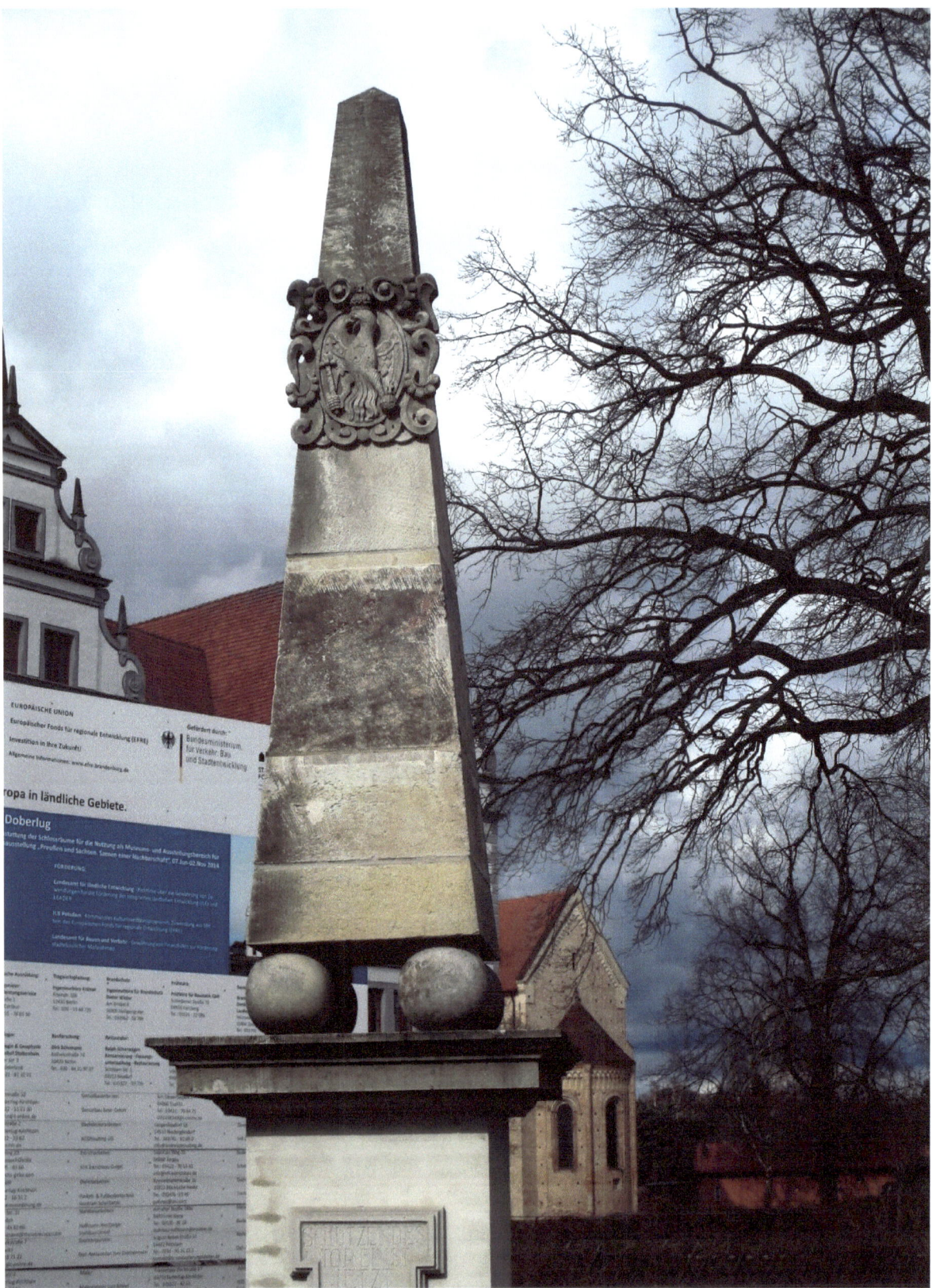

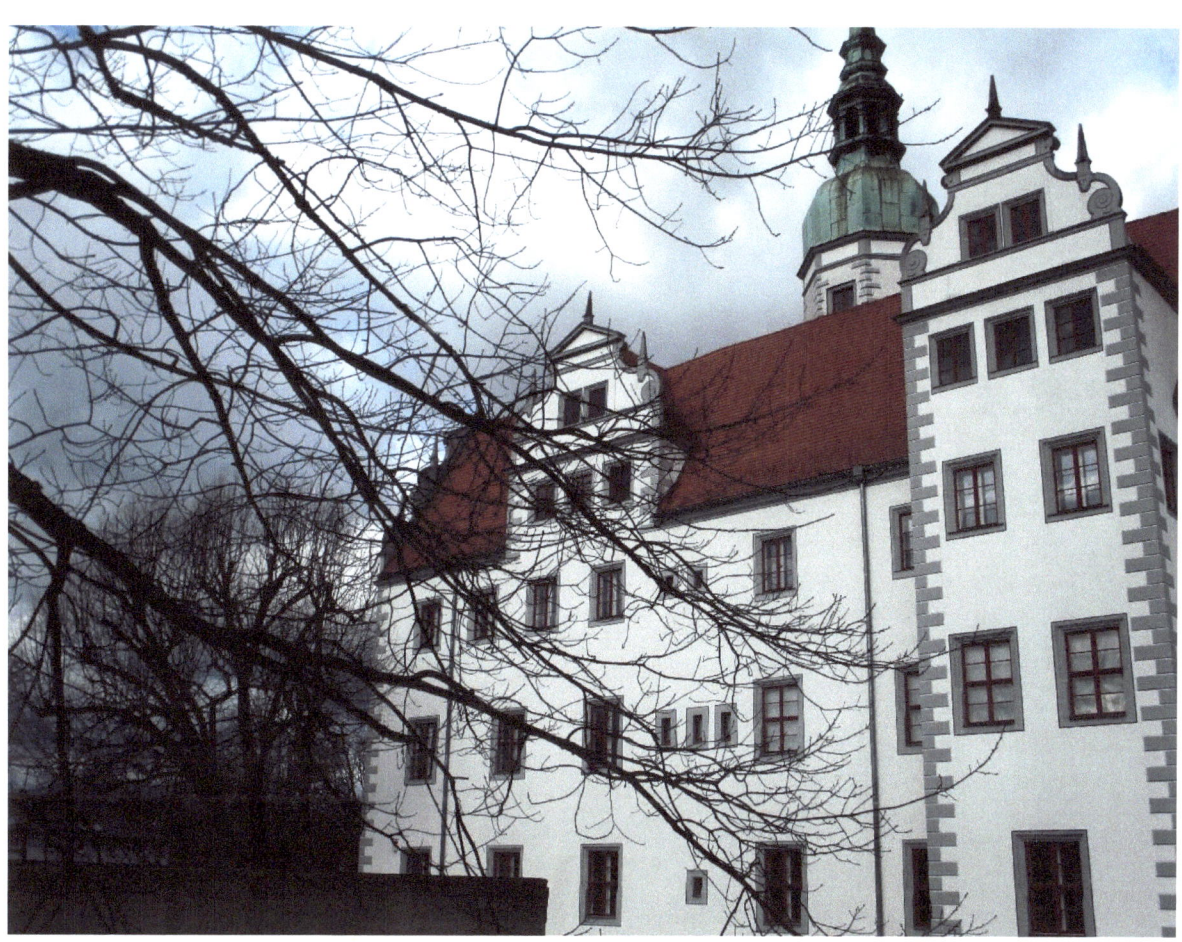

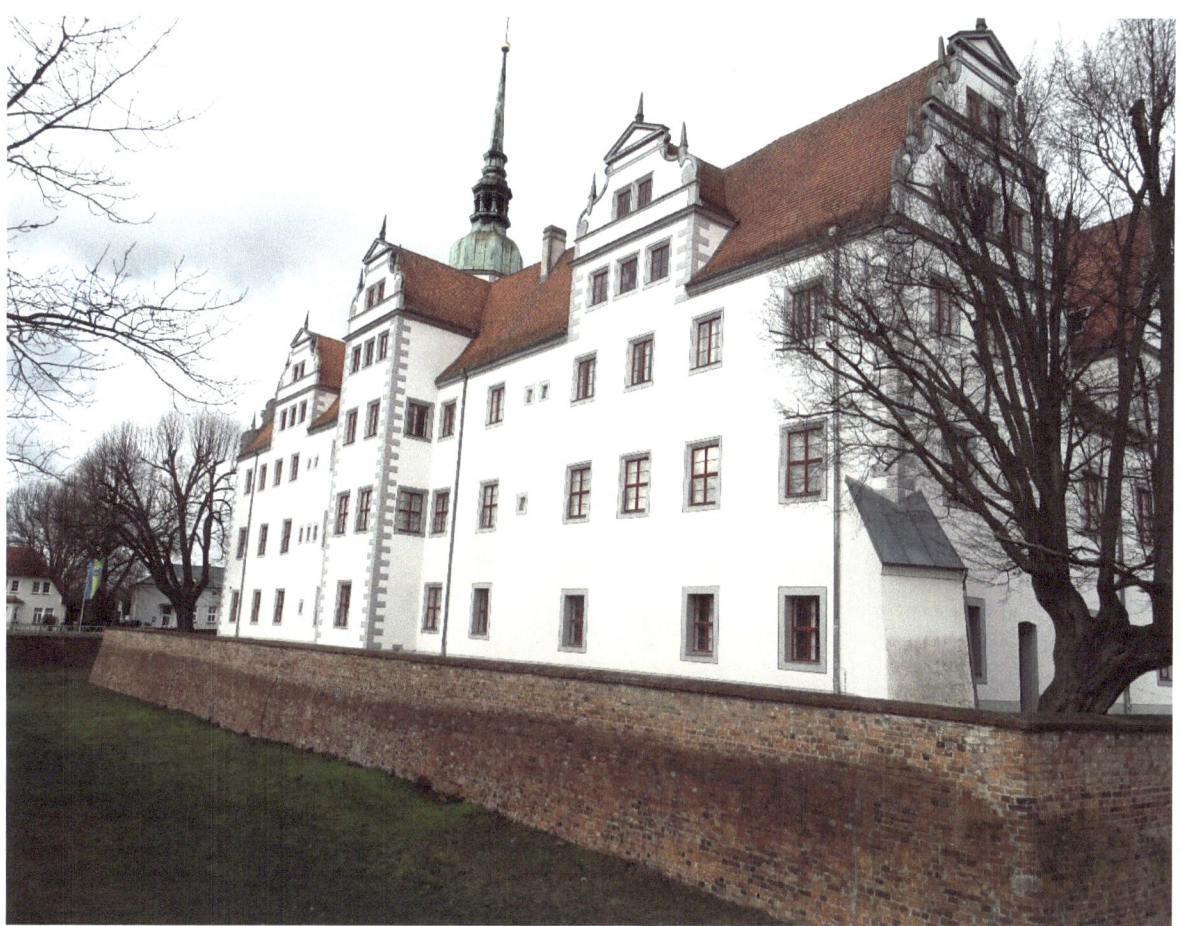

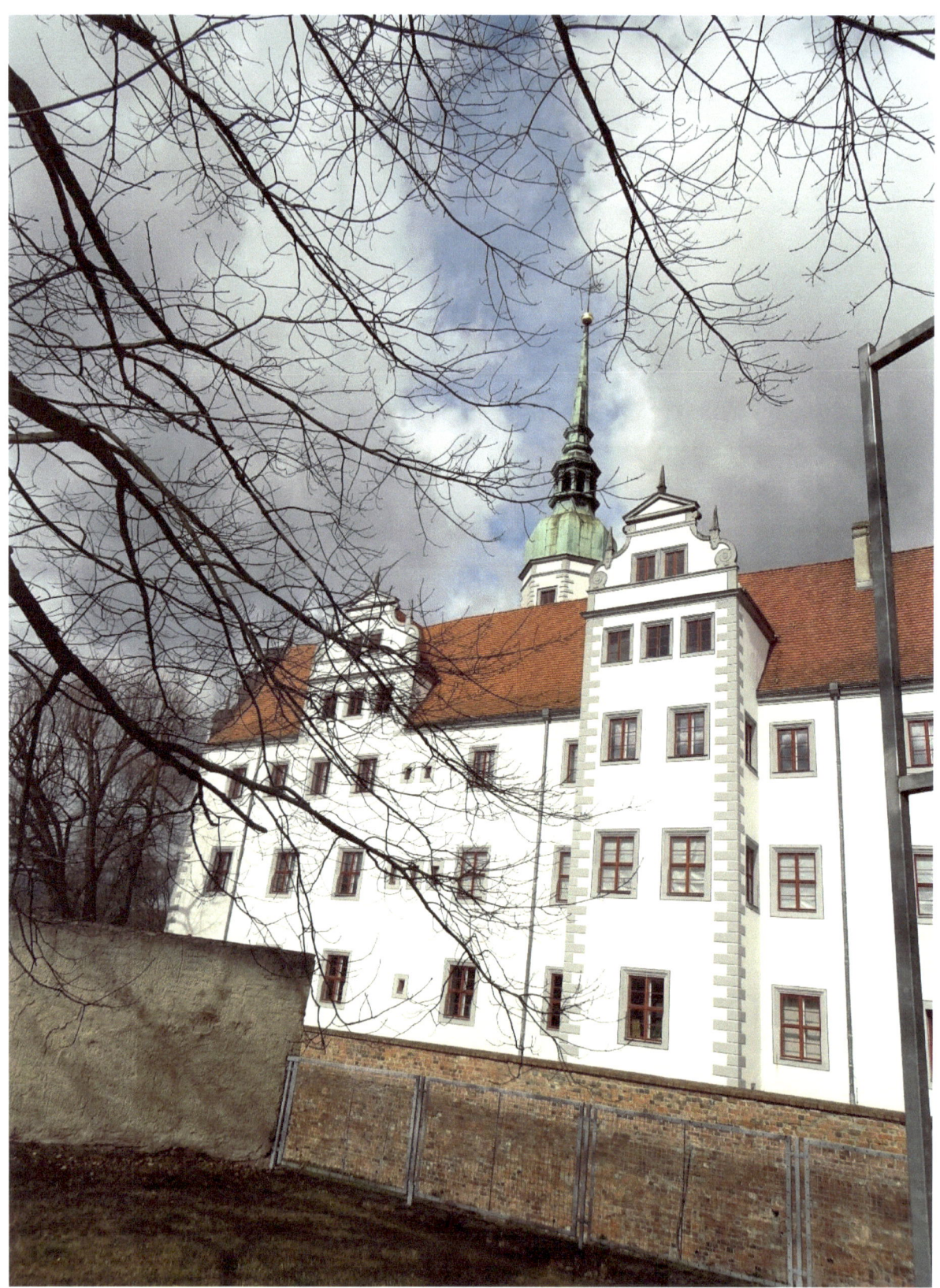

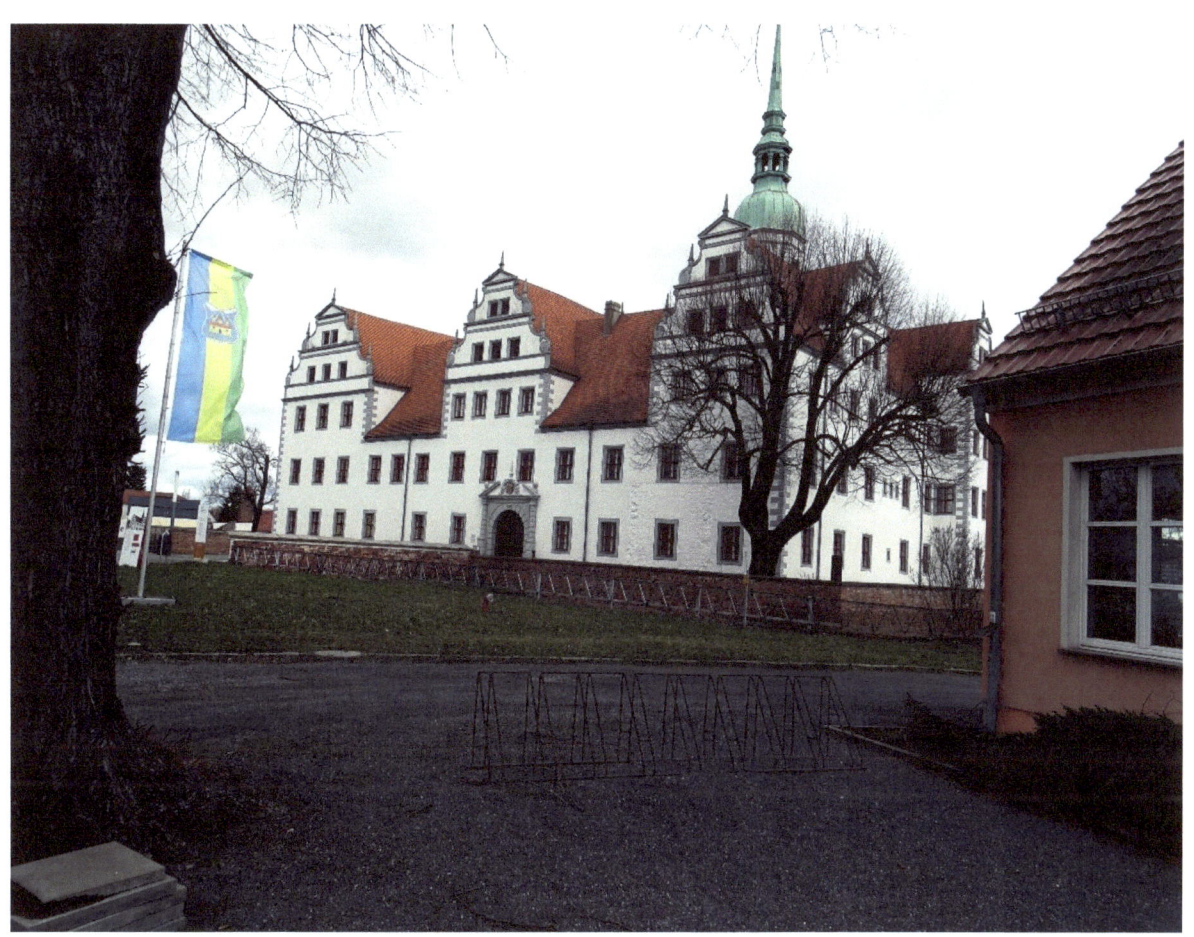

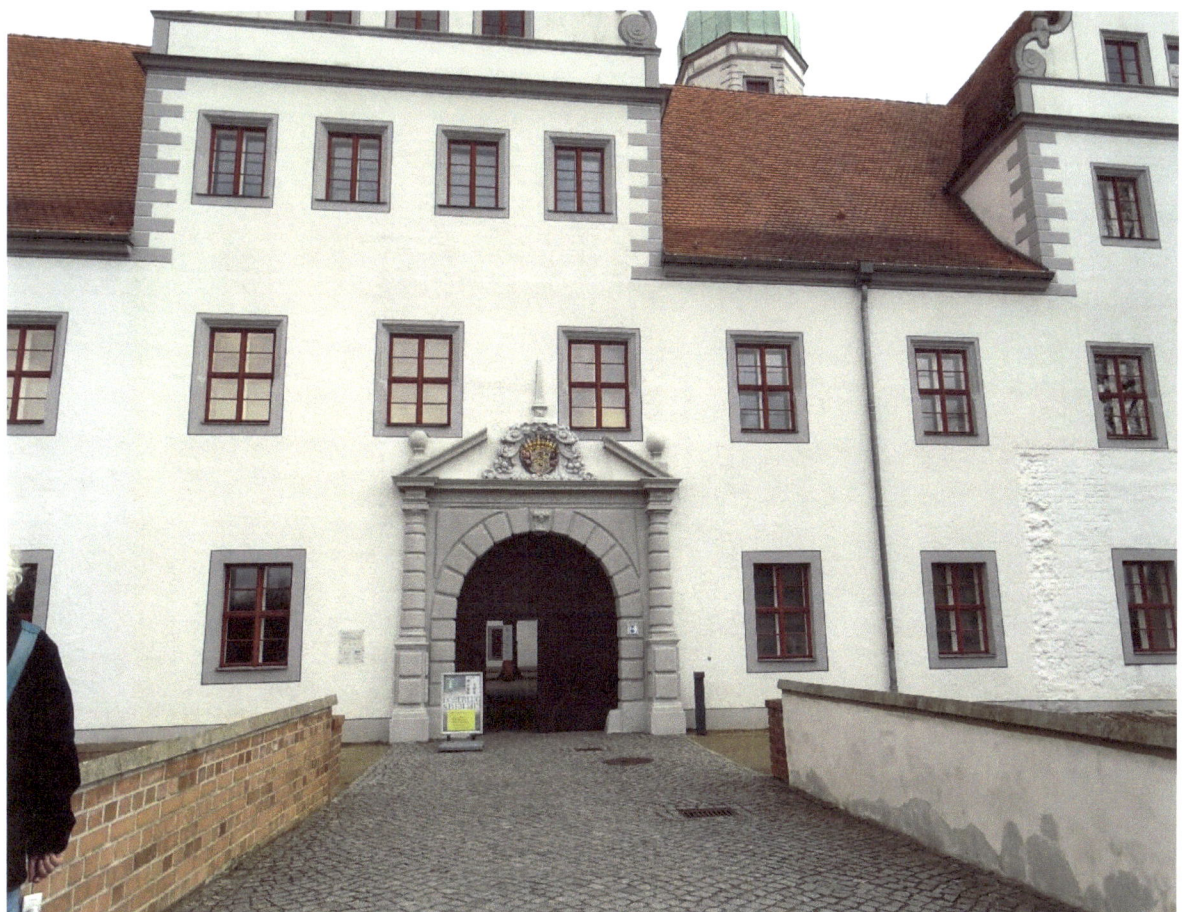

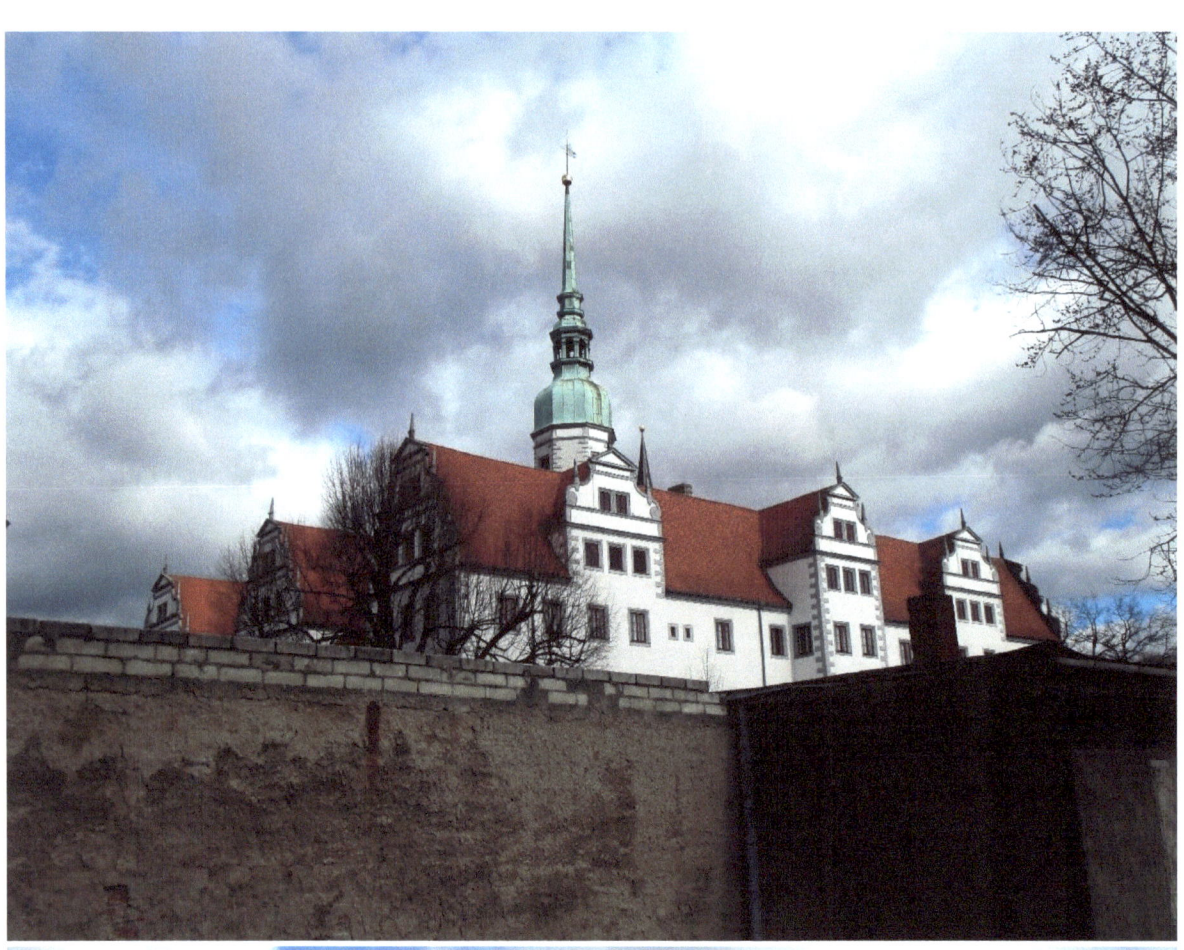

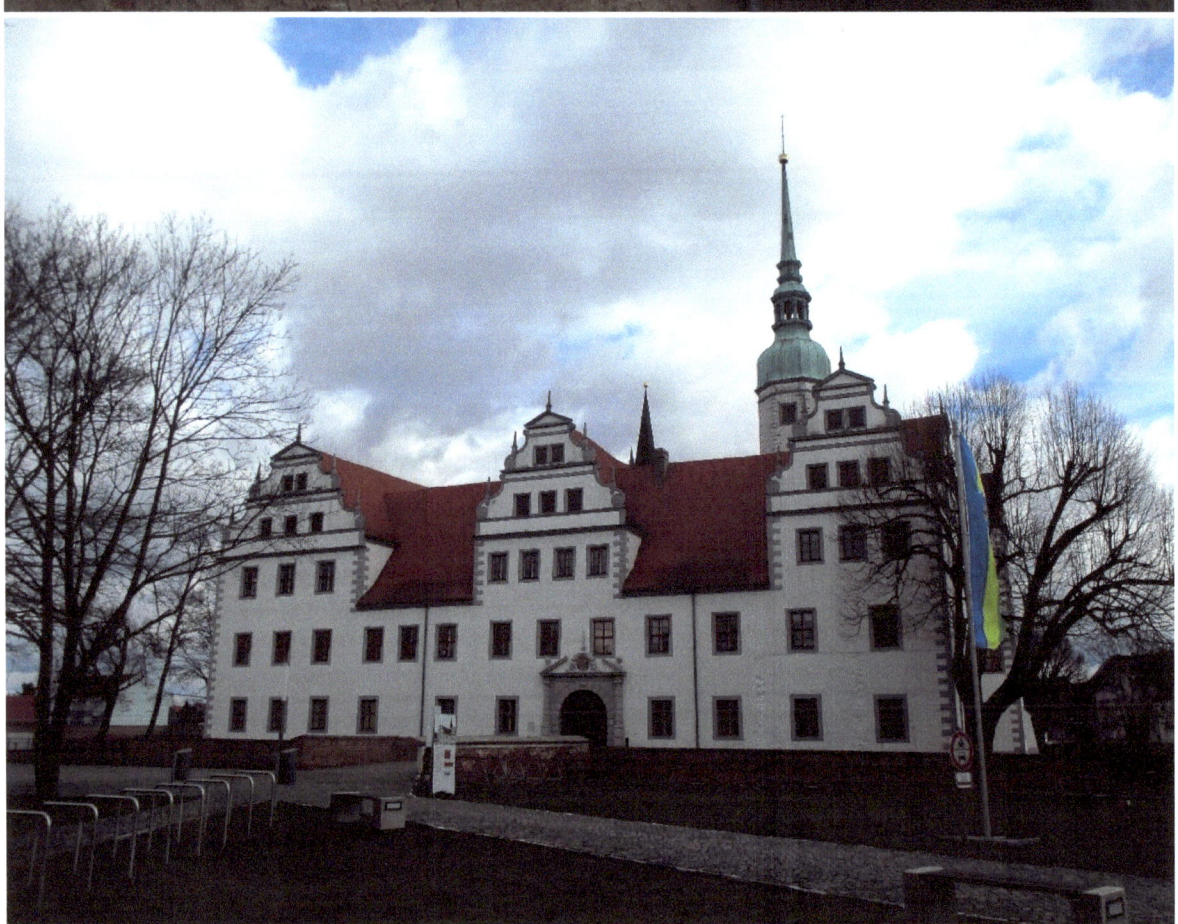

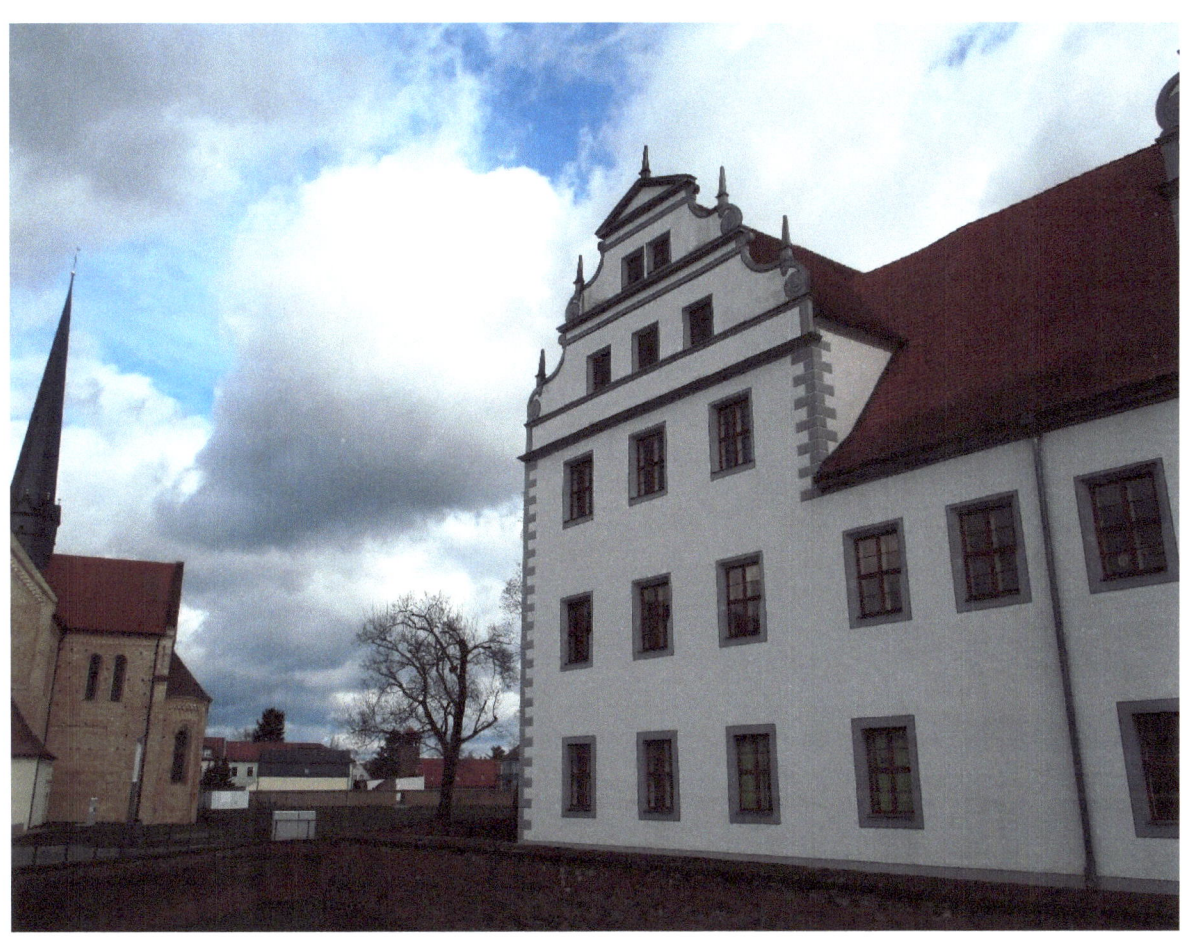

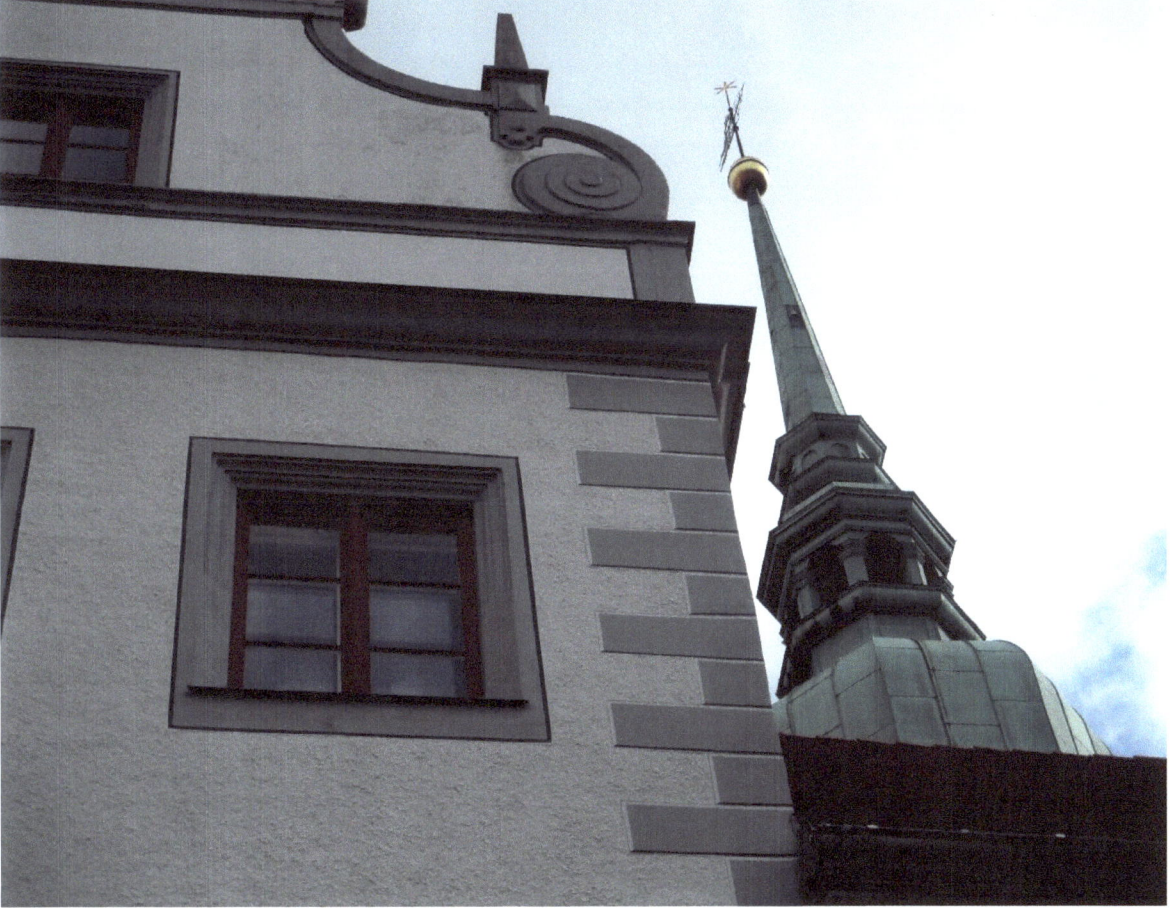

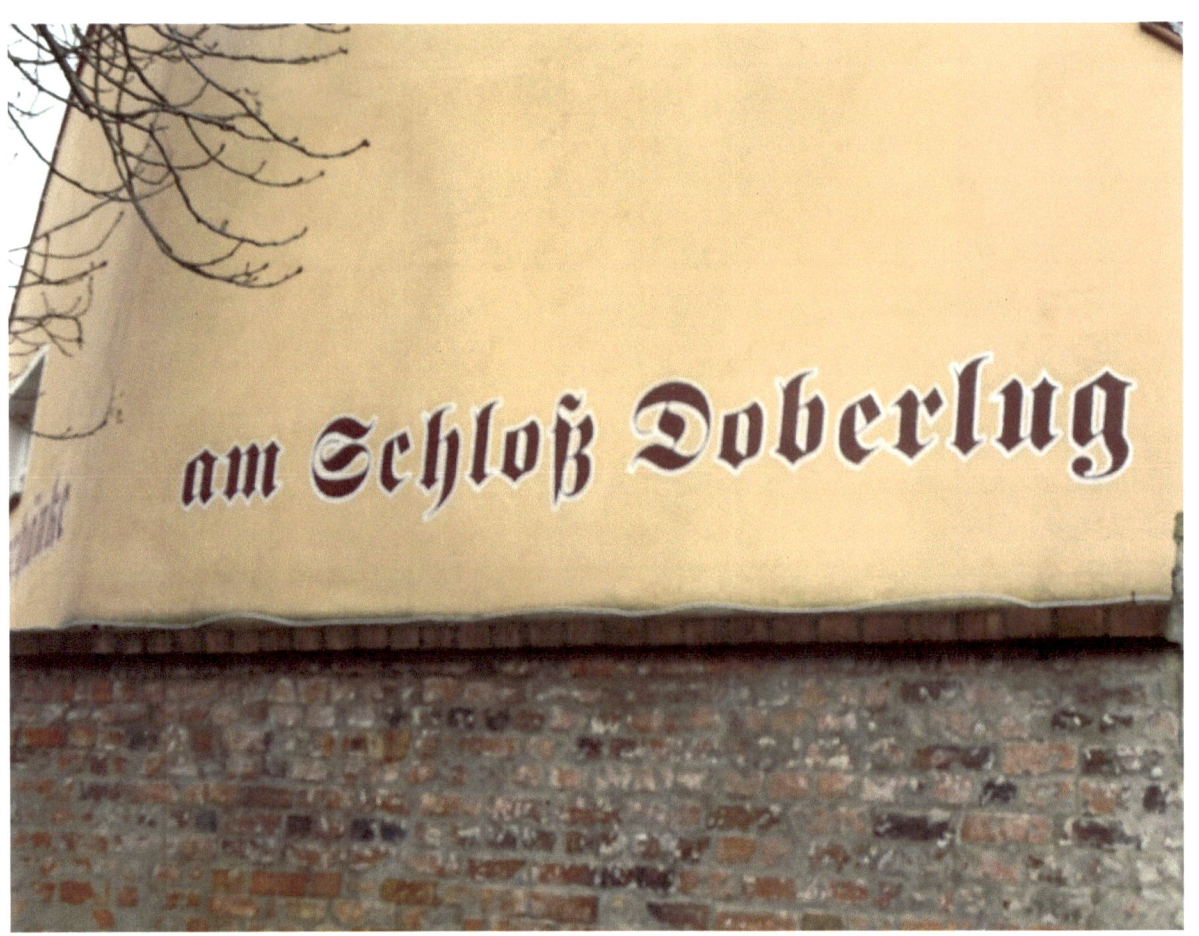

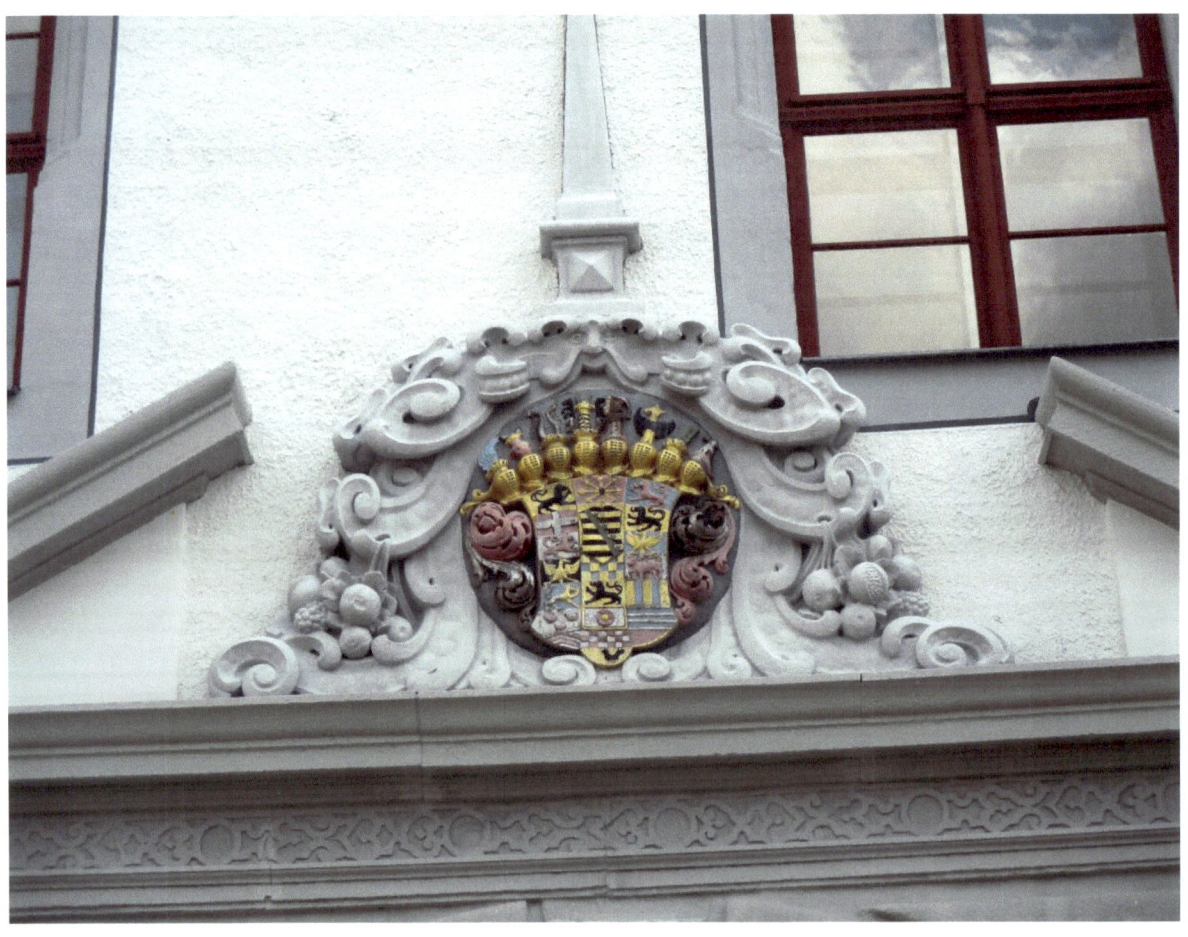

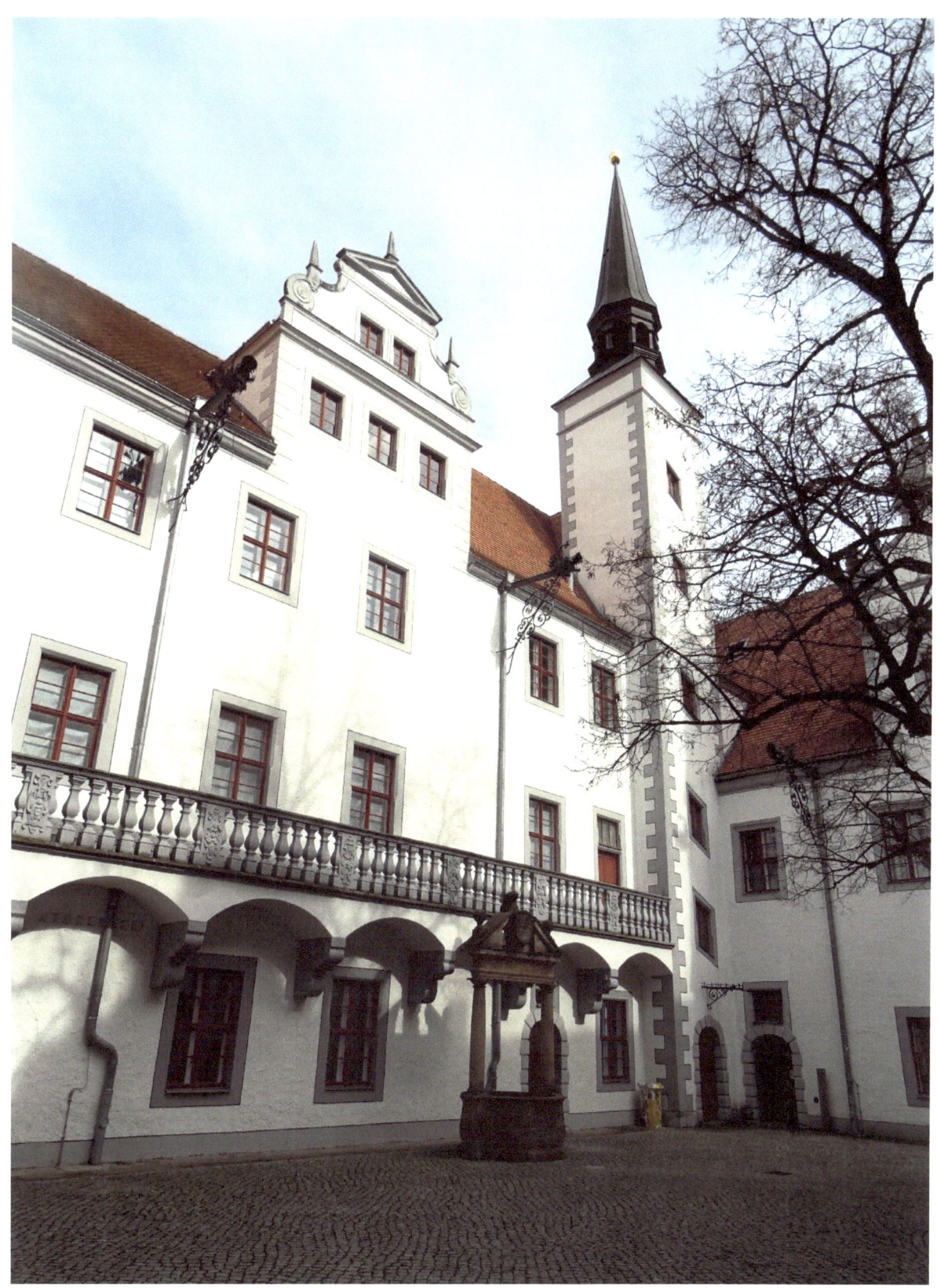

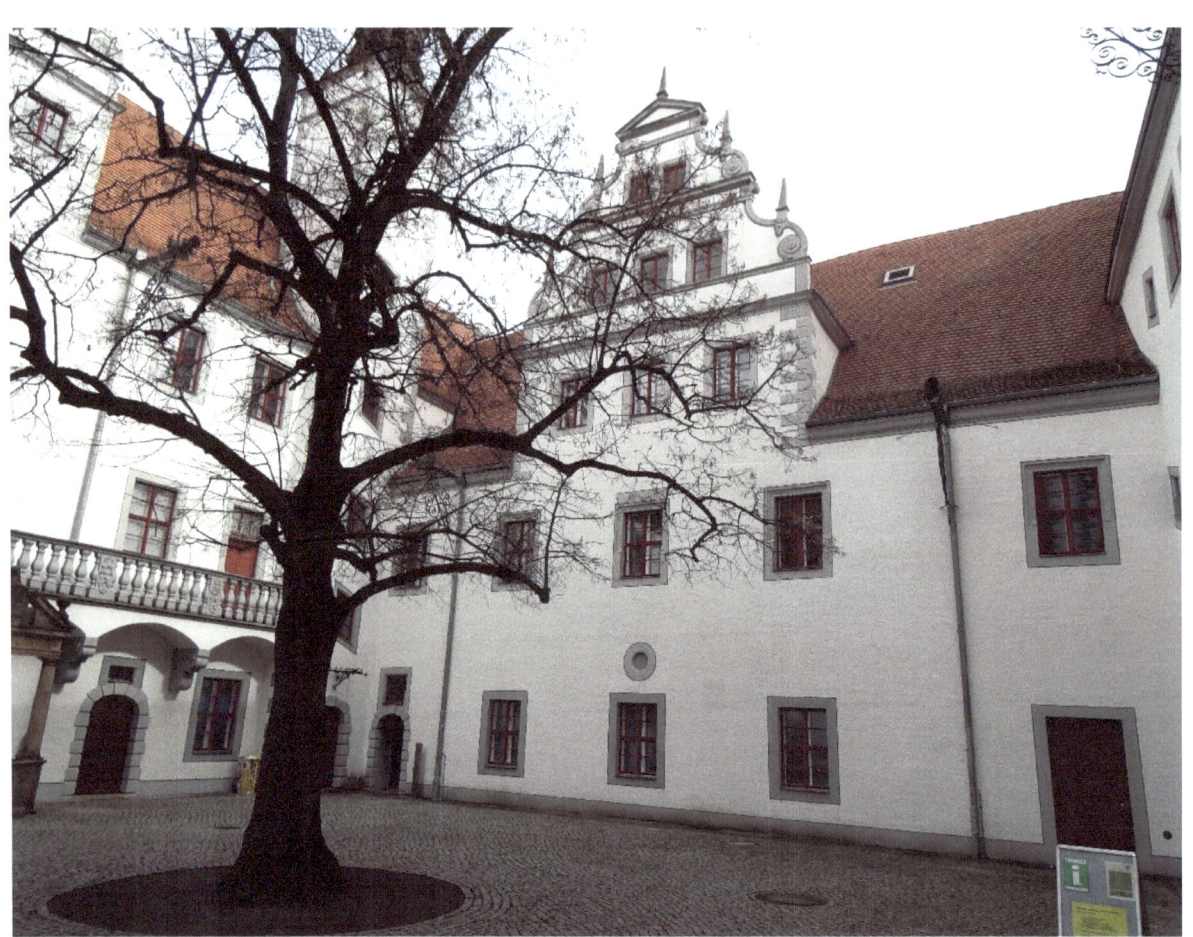

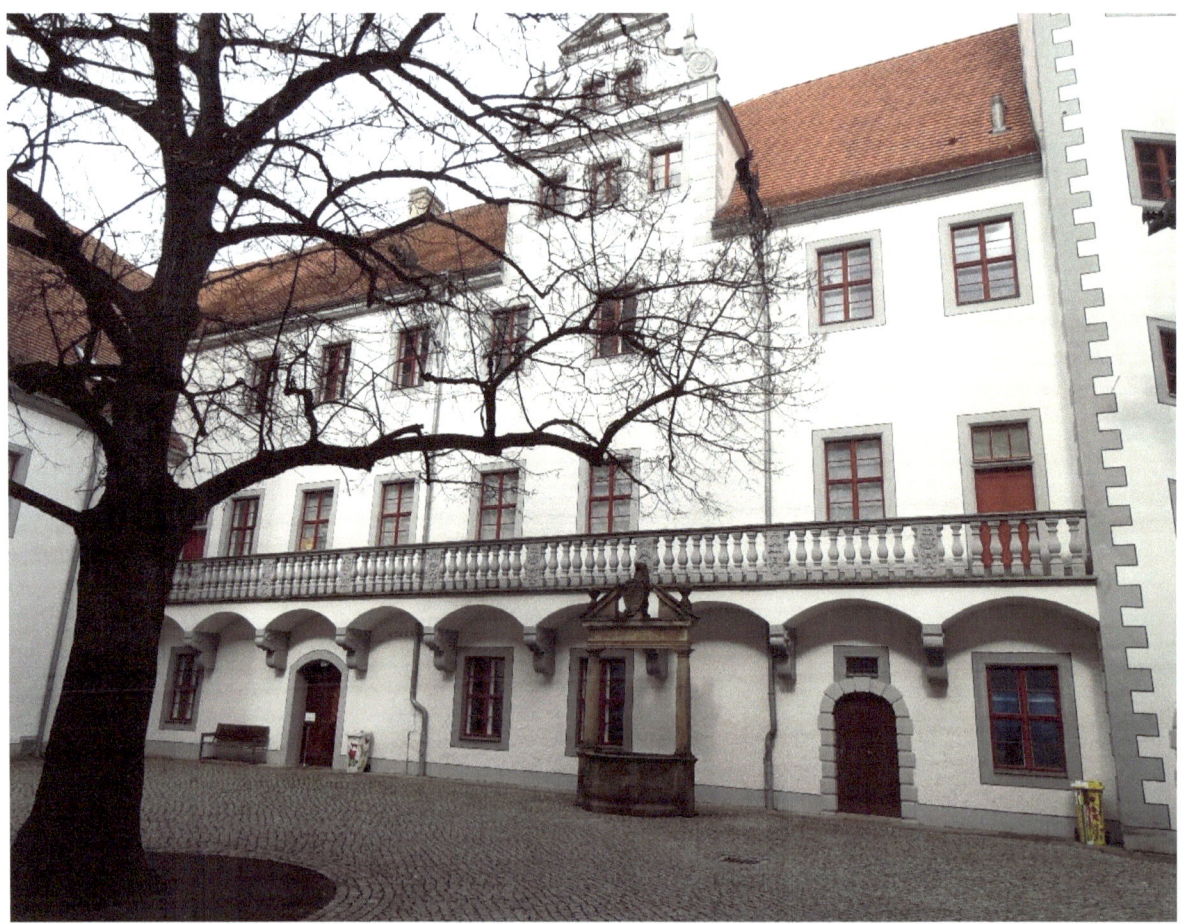

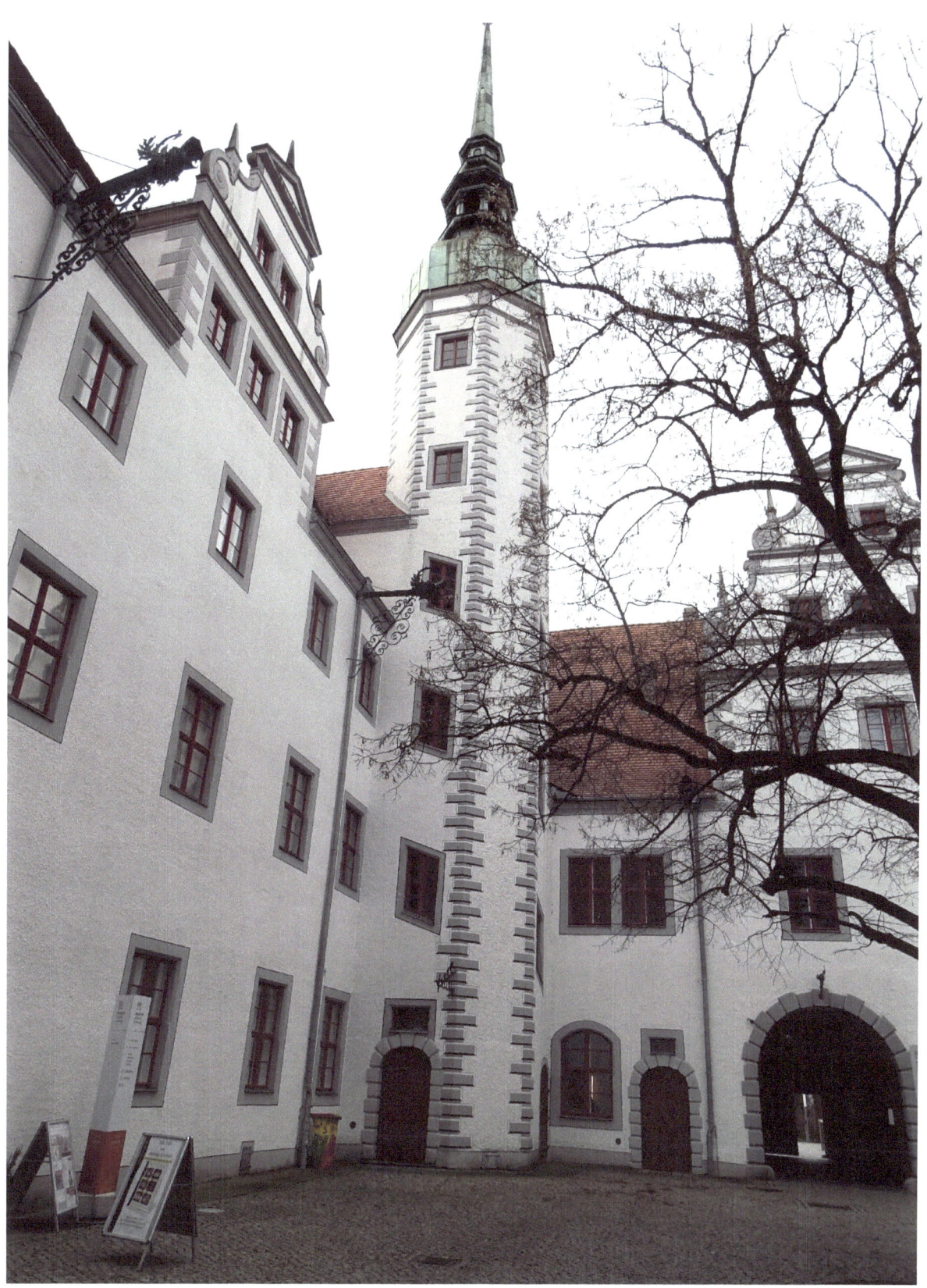

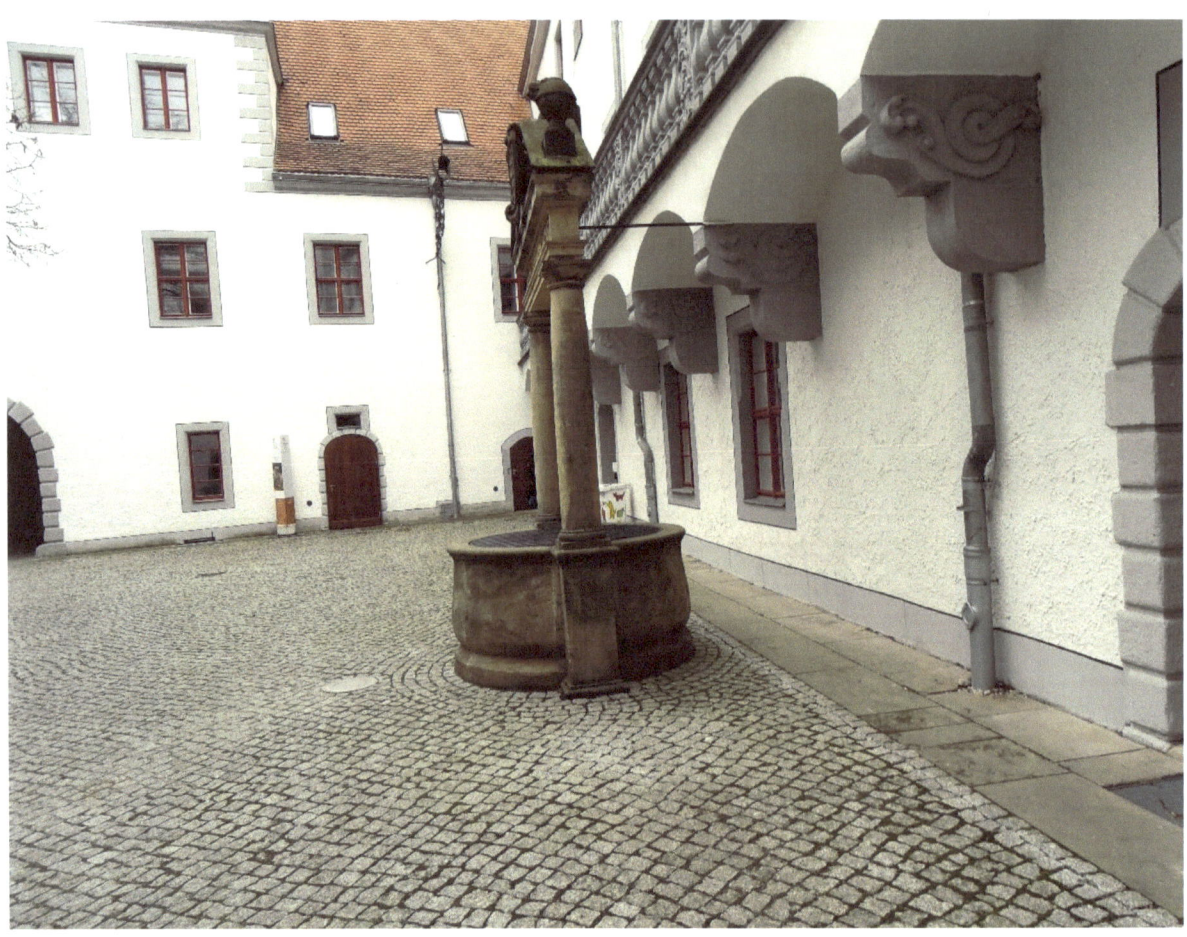

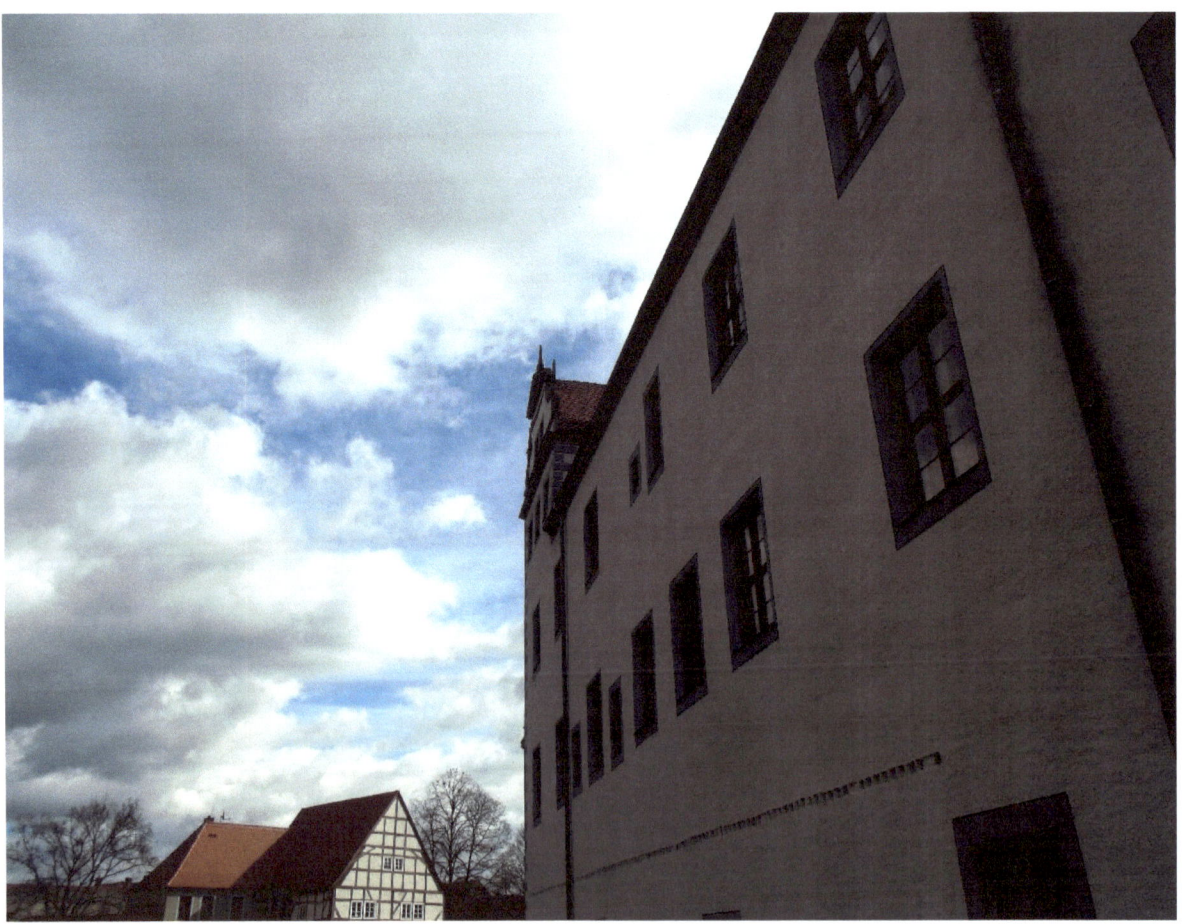

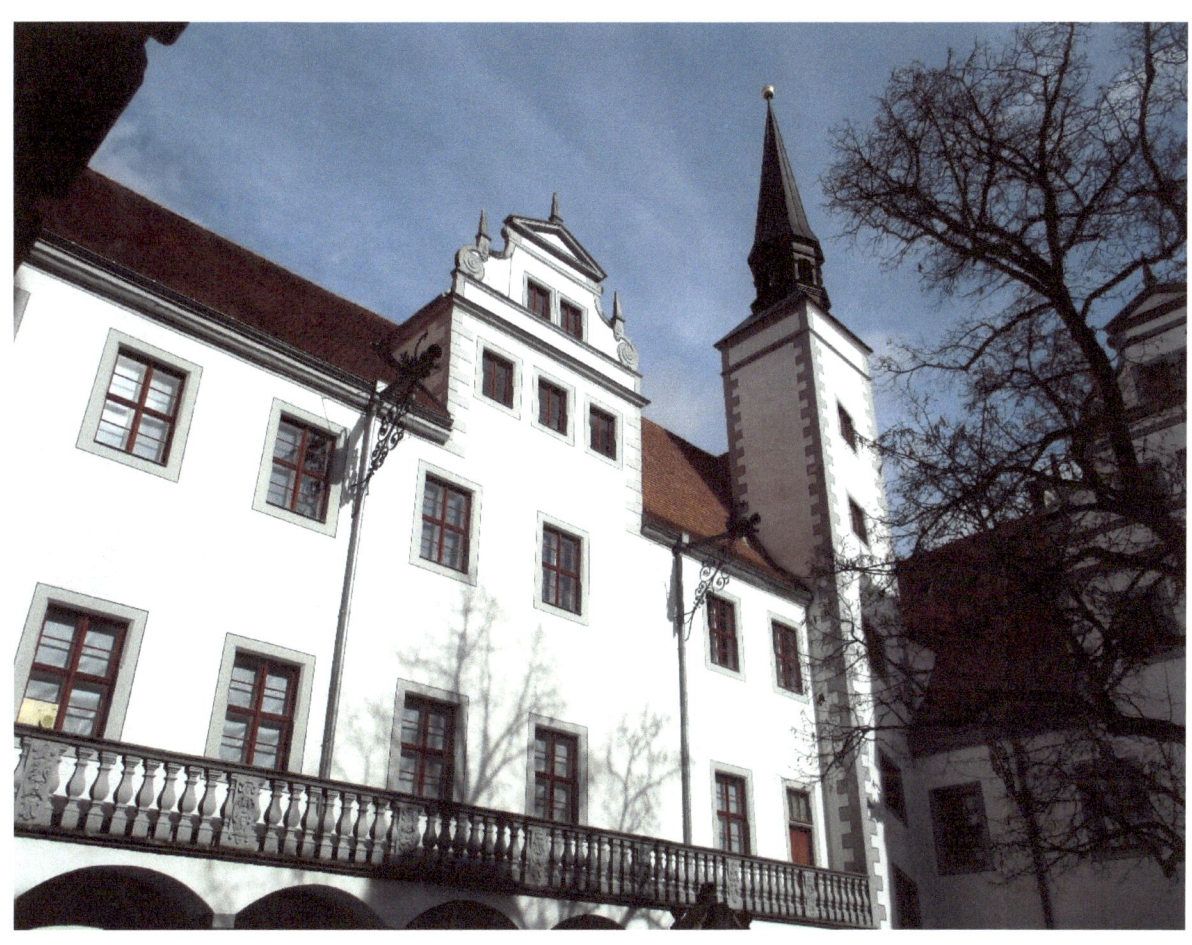

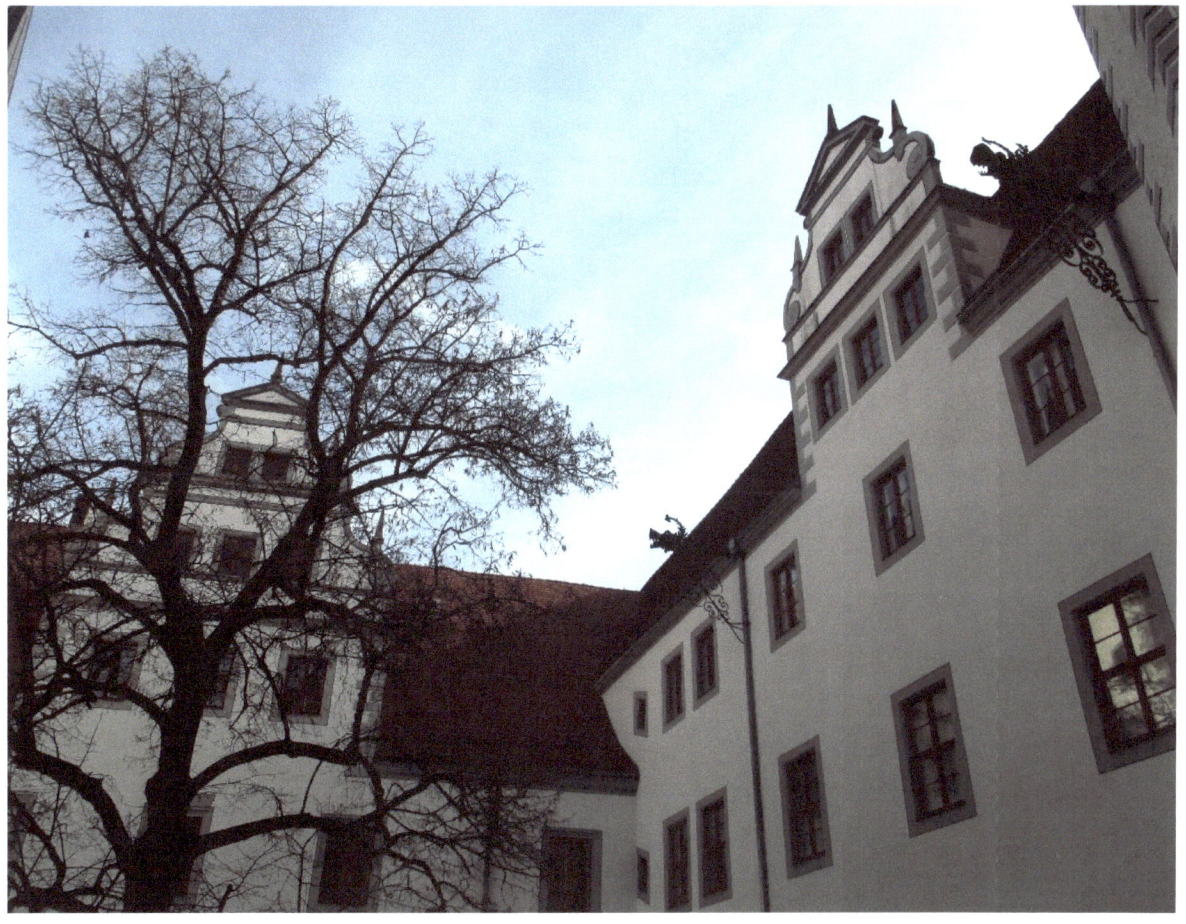

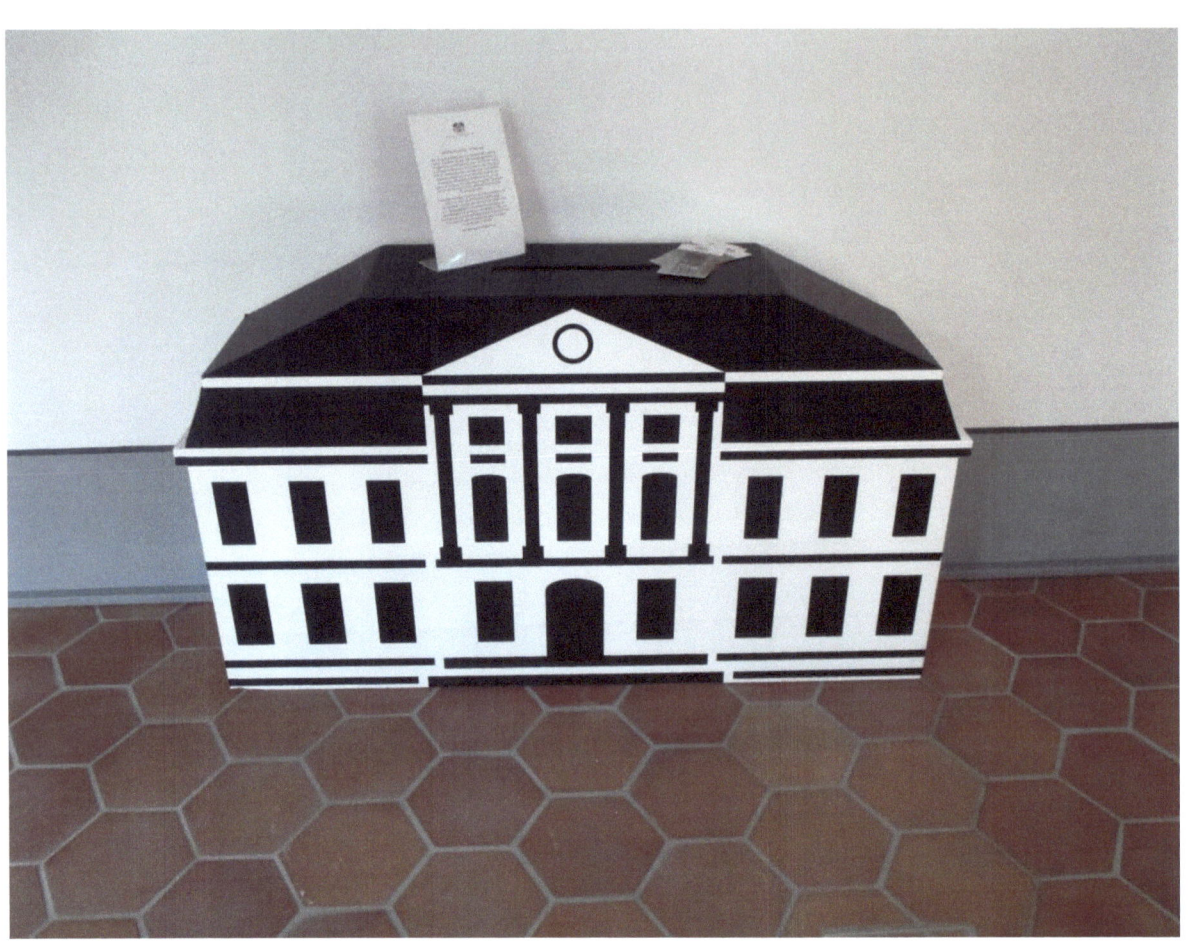

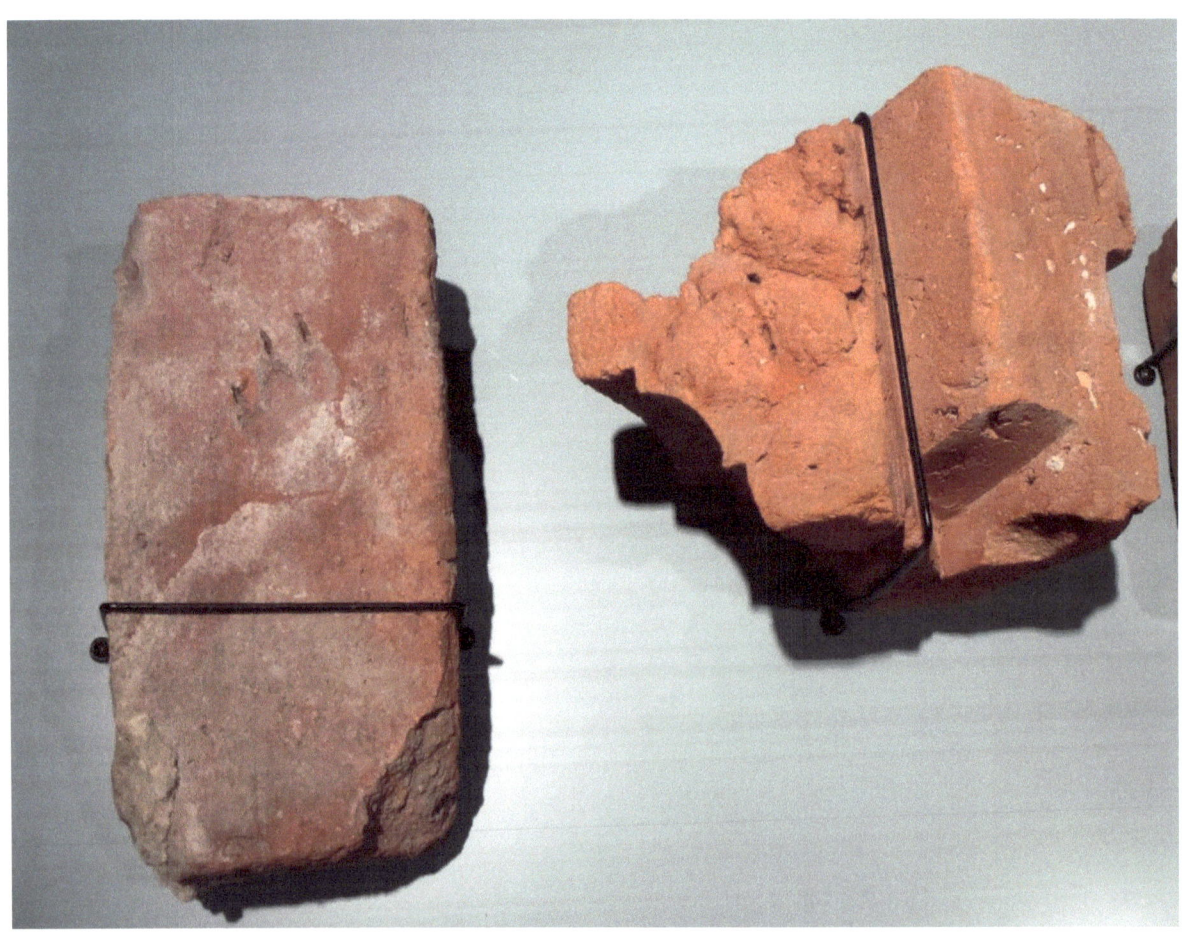

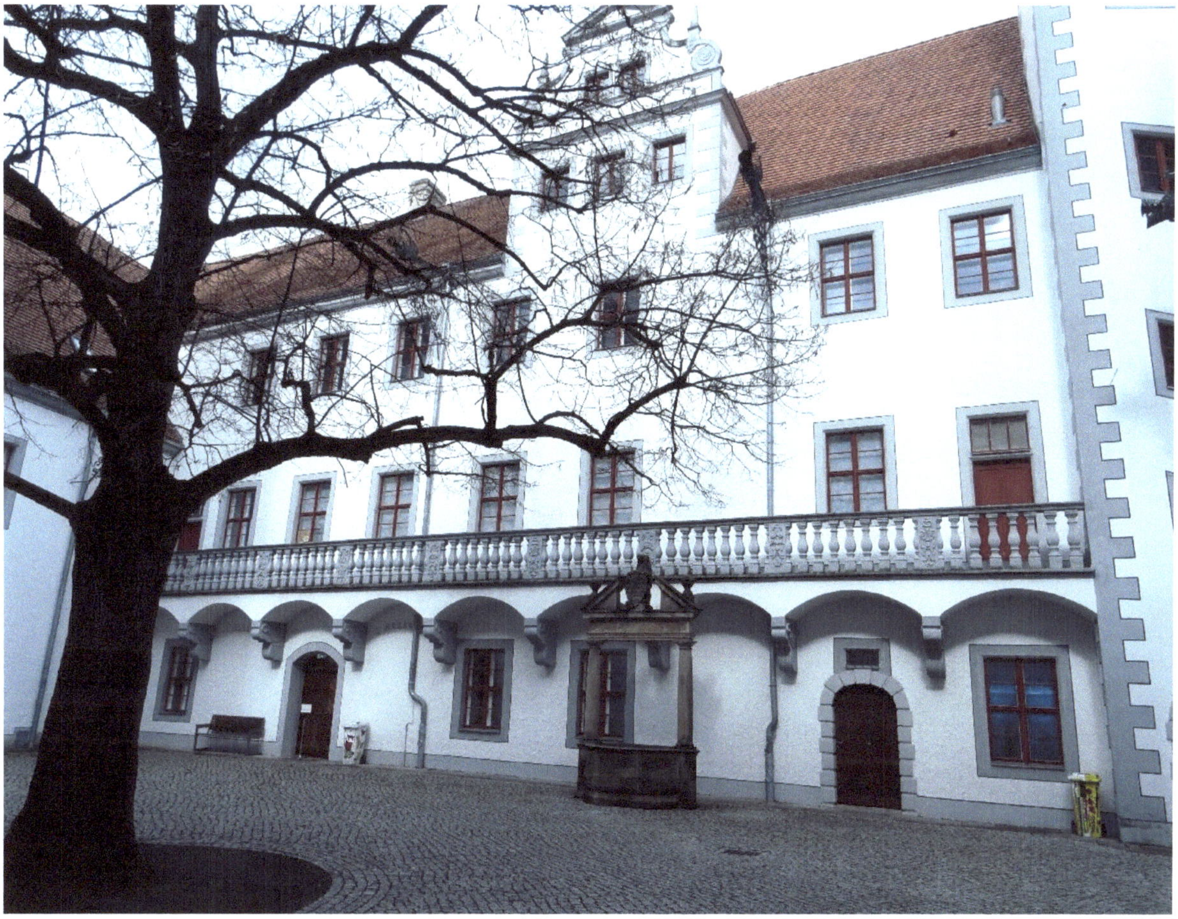

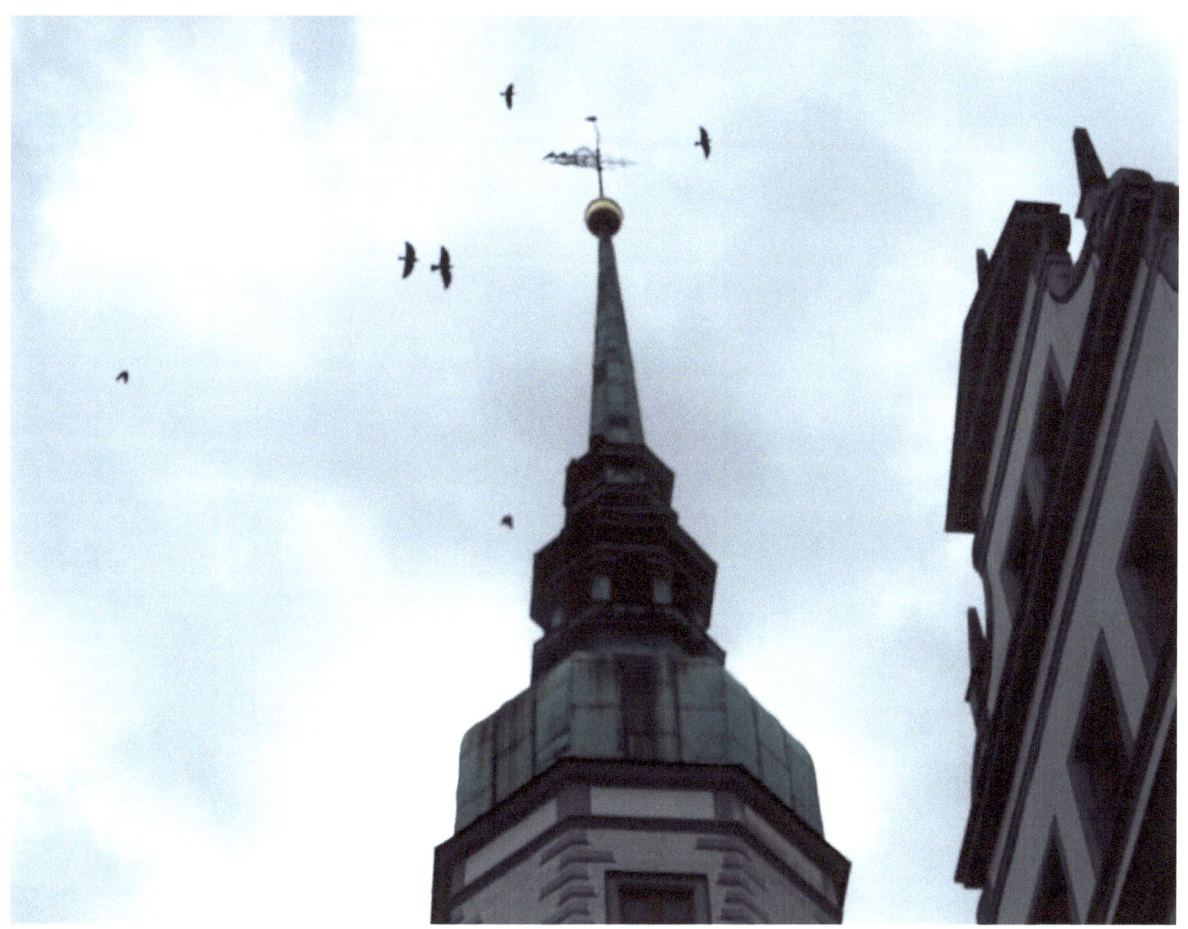

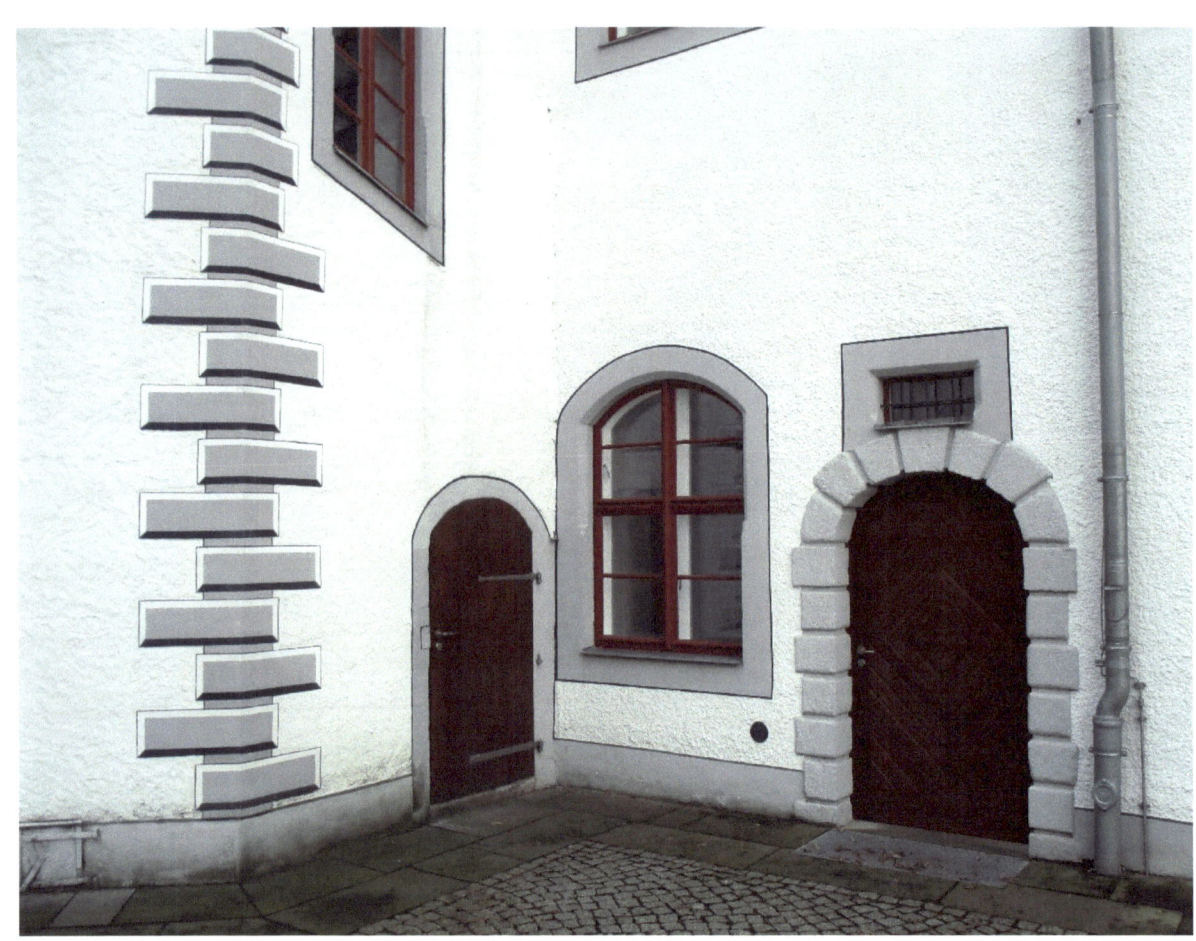

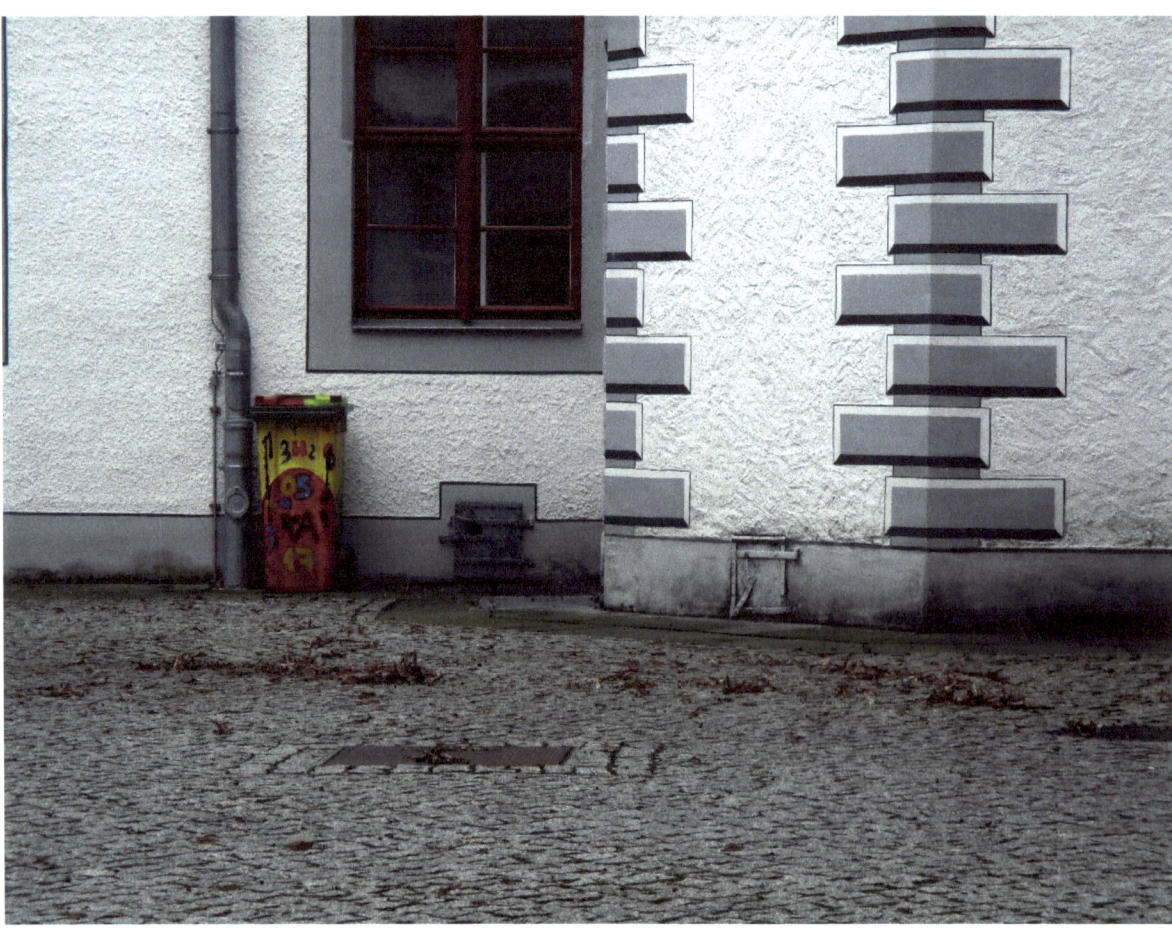

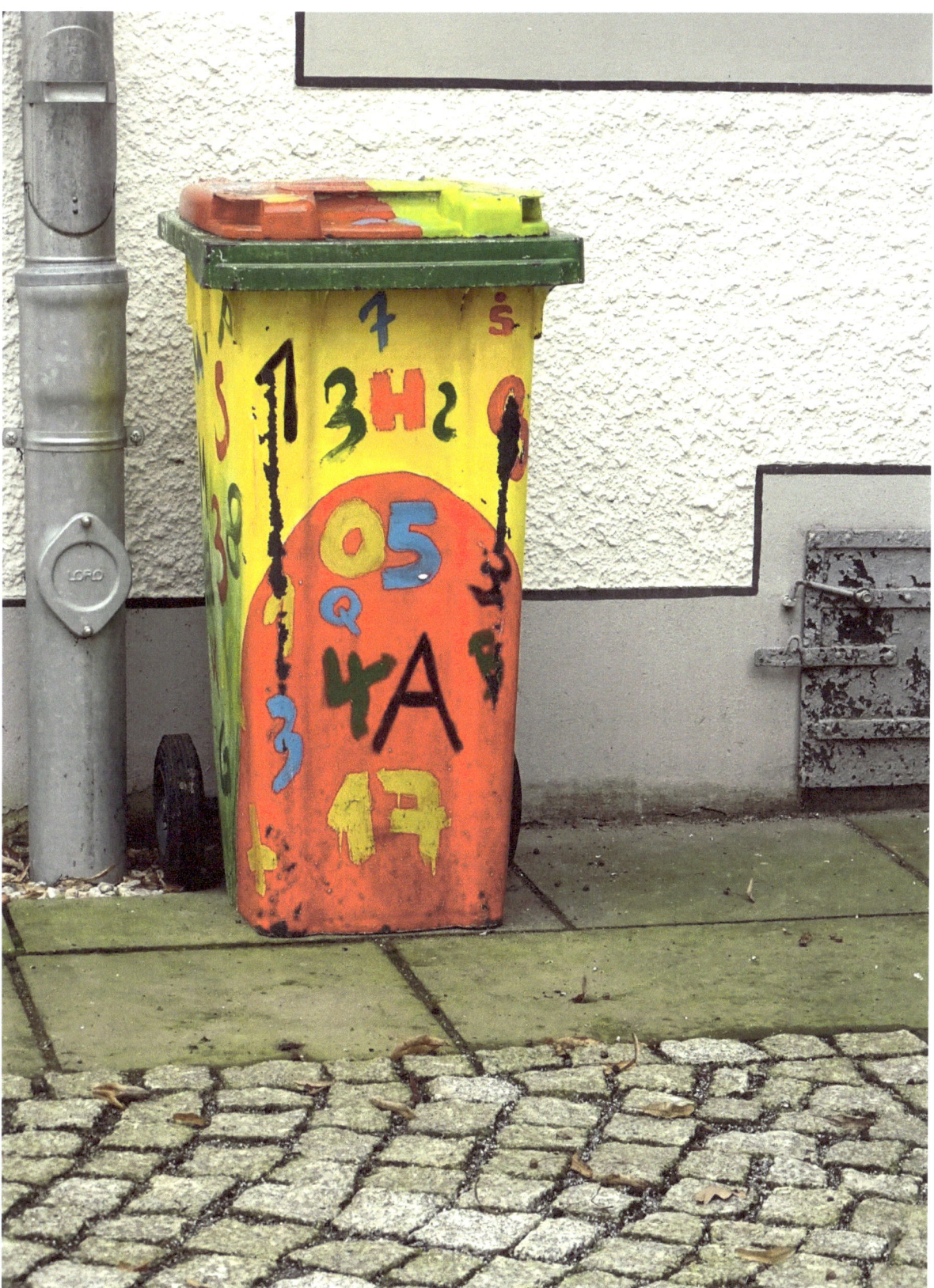

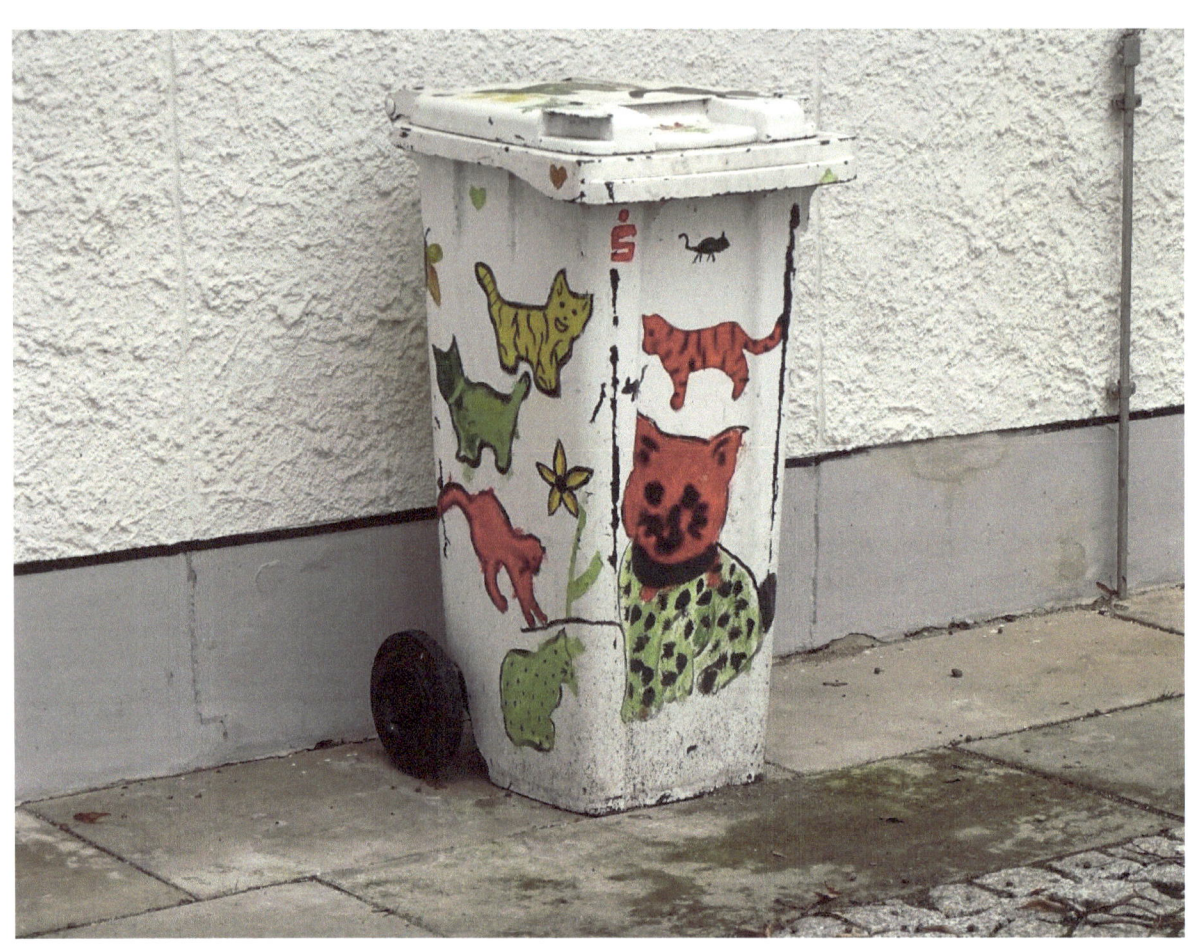

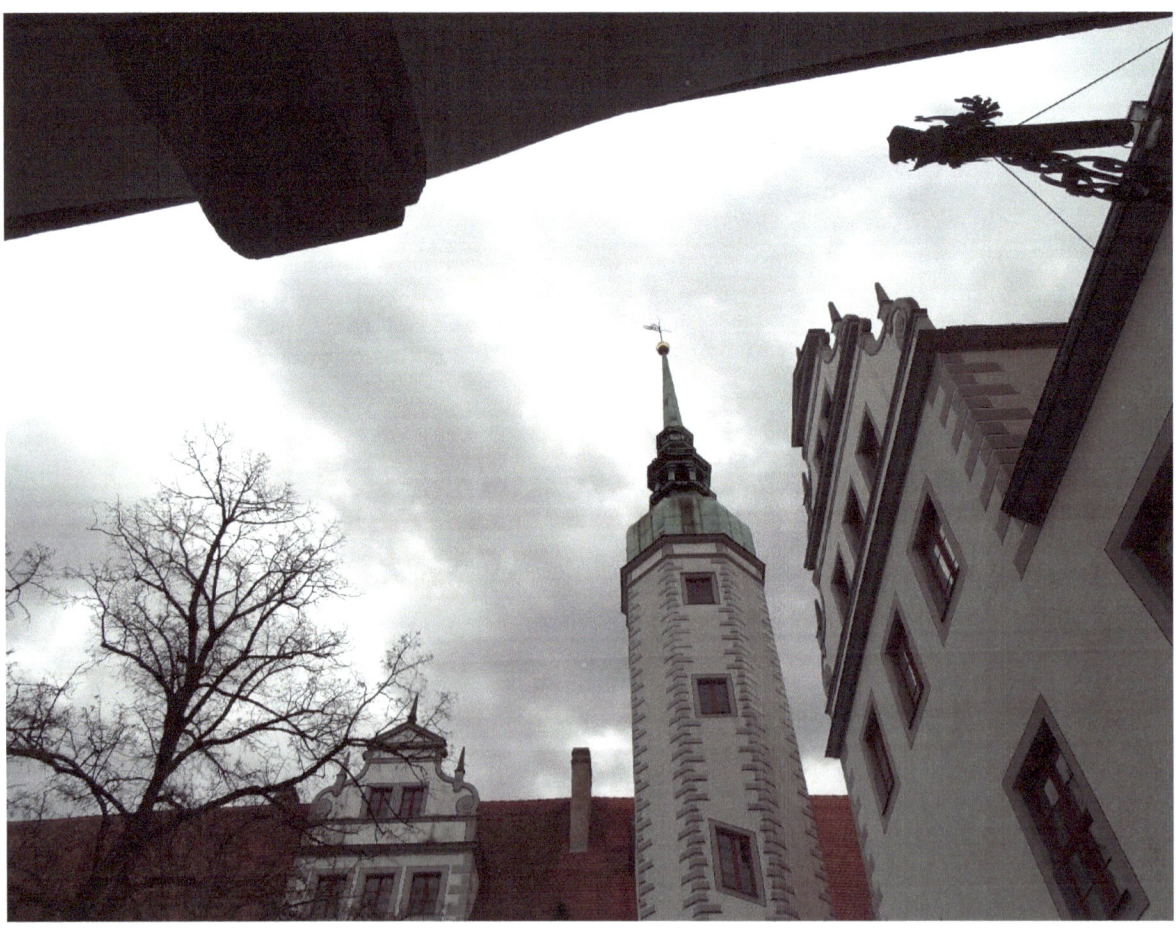

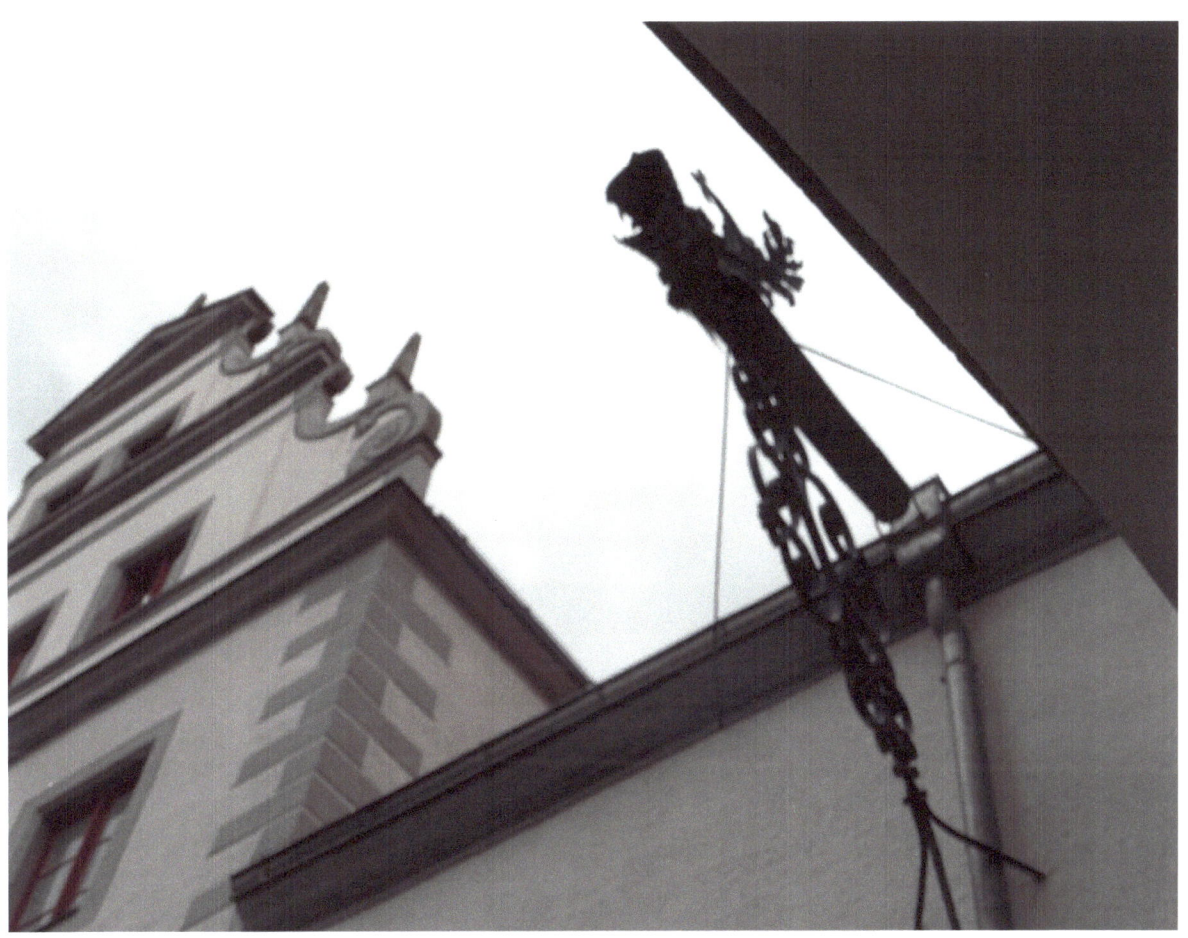

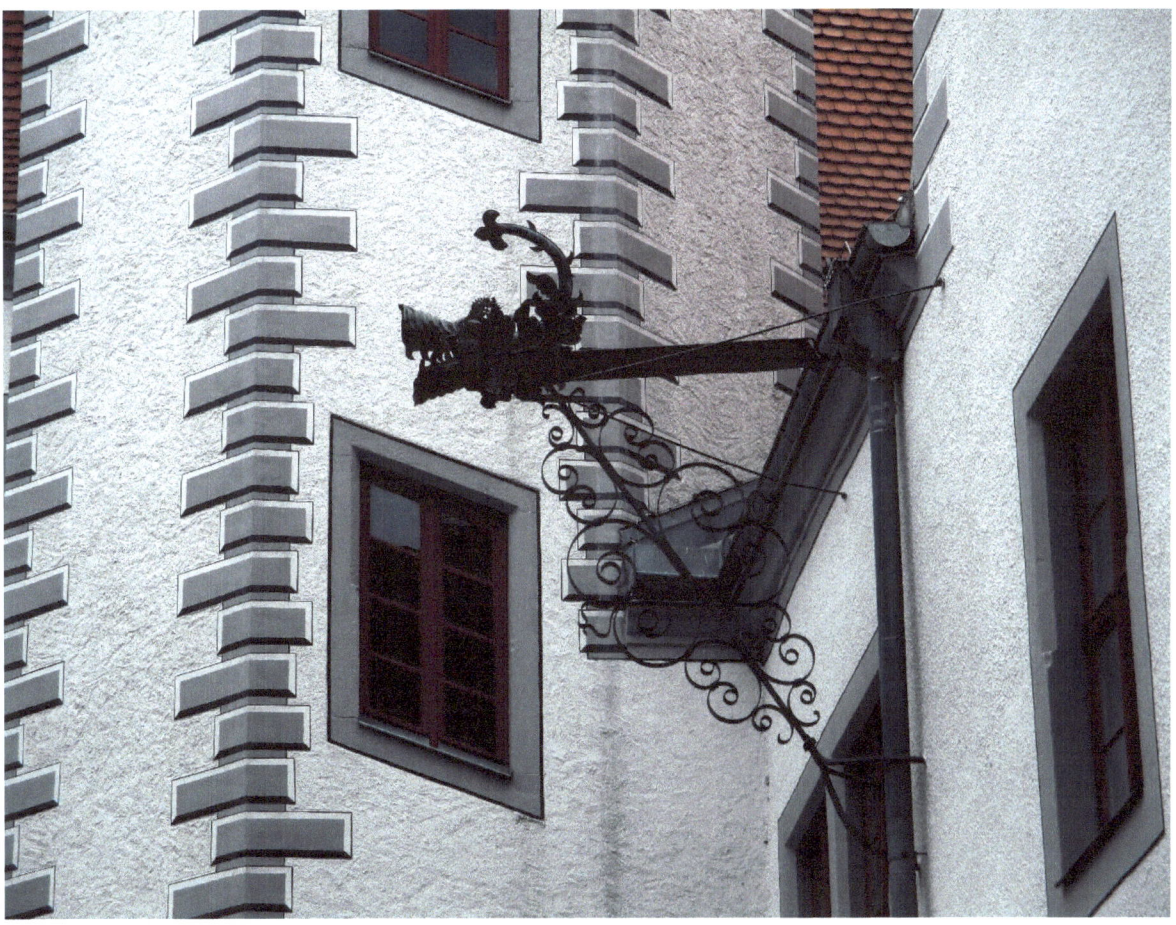

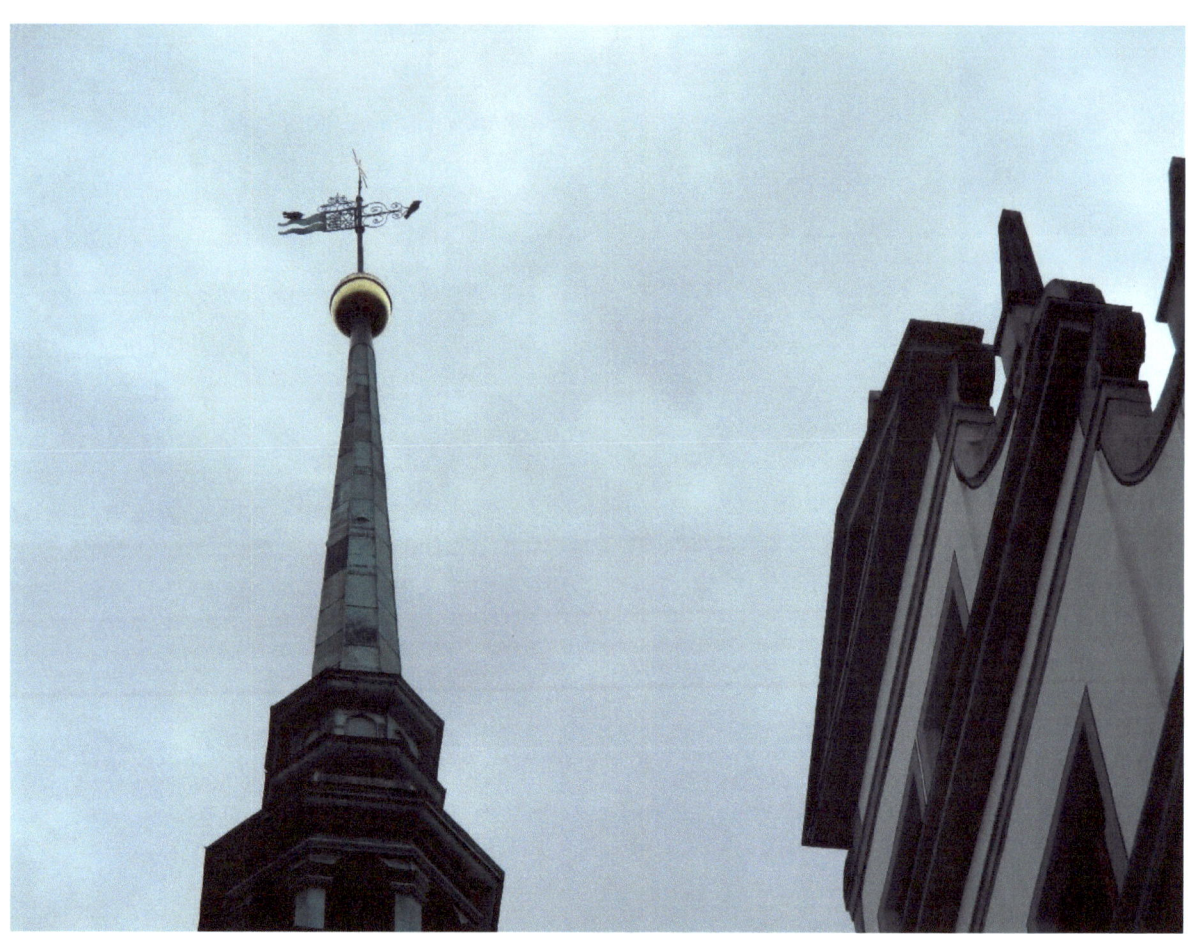

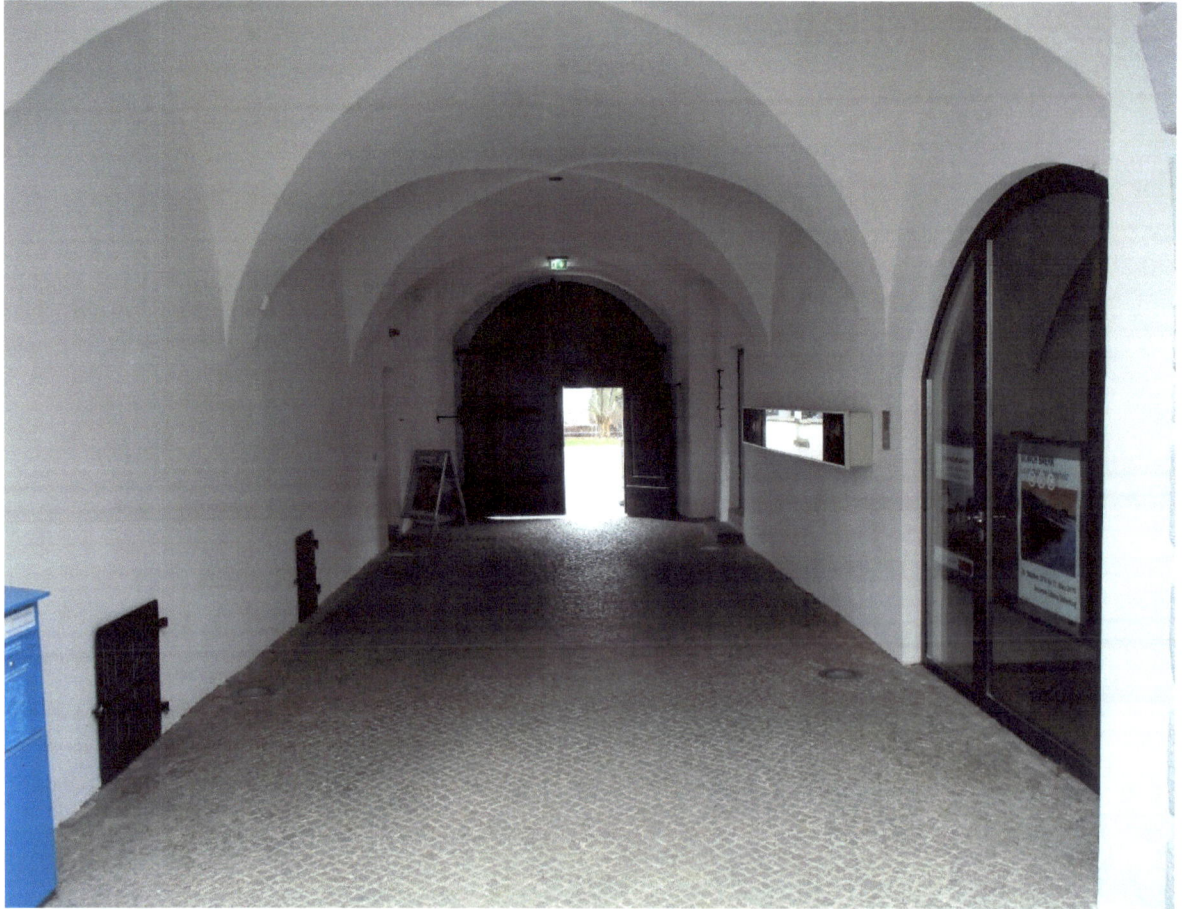

www.ingramcontent.com/pod-product-compliance
Lightning Source LLC
Chambersburg PA
CBHW041310180526
45172CB00003B/1049